El apóstol Pablo escribió en la carta a los Tesalonicenses que la verdad nunca debe venir por medio del engaño. Medias verdades son verdades completas. Flip tiene la cautela y la consideración de desenmascarar las maquinaciones del diablo alrededor de las medias verdades y sus efectos mortales. Recomiendo ampliamente la lectura de este libro para afilar su habilidad para reconocer la verdad del error, y forjar su capacidad para refutar a aquellos quienes tejen estas cinco medias verdades.

—**Dan Dumas**, CEO de *Red Buffalo*, consejero especial para el presidente del *Southern Seminary* y miembro de su facultad, autor de *Live Smart: Preparing for the future God wants for you.*

El famoso Charles Spurgeon dijo: "Discernimiento no es saber la diferencia entre lo correcto y el error. Es saber la diferencia entre lo correcto y lo casi correcto". Esto es doloroso y privado de sentido hoy día. En *Cinco medias verdades*, Flip Michaels aborda sin ambages cinco verdades clave con relación a la Escritura, el cristianismo auténtico, la naturaleza de Dios, la persona de Cristo y el evangelio. Con franqueza, estas son cosas de las cuales no podemos permitir que se entiendan mal. Estas verdades esenciales deben ser separadas correctamente y afirmadas a favor, como precisamente Flip lo hace. ¡Un libro útil!

—**Nate Pickowicz**, Pastor de *Harvest Bible Church, Gilmanton Iron Works*, New Hampshire, autor de *Reviving New England* y *Why we're protestant.*

El corazón pecaminoso del hombre perpetuamente reclama excusas para ignorar la autoridad de la verdad en su vida, y la cultura alrededor de nosotros ha provisto amplias oportunidades para ignorar realidades objetivas. En una era de noticias falsas y desinformación, de un escepticismo tan firme como nunca antes —el cinismo de nuestra era junto con las sensibilidades del mundo post moderno—, ha calcificado muchos corazones endurecidos aun ante la posibilidad de la verdad eterna. Este es el contexto en el cual la iglesia ha sido llamada a proclamar la verdad y la verdad de Cristo. Con esto en mente, *Cinco medias verdades* de Flip Michael ha provisto a la iglesia de un claro y contundente recurso para enfrentar un mundo escéptico con la verdad bíblica. Cada capítulo ahonda dentro de algunas de las más comunes objeciones para la reivindicación de la Biblia y provee una defensa cautivante de la verdad entera. Esta simple y clara presentación de la fe cristiana debería constituir un maravilloso recurso de discipulado para animar a los creyentes en su fe o atraer la atención de los no creyentes sobre aquellas preguntas que tienen acerca del cristianismo. Oro porque cada uno adquiera dos copias de este libro, una para lectura personal y otra para aquella persona en su vida con preguntas acerca de la verdad.

—**Paul Shirley**, Pastor de *Grace Community Church*, Wilmington, Delaware, y autor de *Irony of the Cross*.

Porque toda la verdad importa, recomiendo totalmente este recurso evangelístico y apologético, escrito con pericia por mi colega, pastor y amigo Flip Michaels. En este libro usted encontrará una refutación hábil de las falacias modernas, así como una meticulosa proclamación del evangelio que transforma vidas.

—**David Cunningham**, Pastor principal de *GraceLife Church*, Annville, PA y fundador de *Sports4Him*.

Como se ha dicho, una media verdad es una mentira completa. Las variaciones de esta expresión han sido atribuidas a diferentes personas a través de los años. A pesar de su origen incierto, en ninguna parte esto es más crucial que en el ámbito de la teología, porque en ningún otro campo los riesgos son altos. En *Cinco medias verdades*, Flip Michaels considera y confronta bíblicamente las cinco medias verdades que son ampliamente creídas por incontables millones de personas, muchas de las cuales afirman ser cristianas. Con destreza, Flip demuestra que la creencia en estas medias verdades pone en peligro eterno a cualquier persona. Cuando se trata de consecuencias eternas no hay lugar para ambigüedades. *Cinco medias verdades* es una sólida y aun inmensamente entretenida y comprensible defensa de aquellas verdades completas no negociables enseñadas en la Biblia, nuestra respuesta a ellas determinará dónde pasaremos a la eternidad. Si usted es un creyente maduro, este libro le motivará y equipará para "presentar defensa con mansedumbre y reverencia ante todo el que os demande razón de la esperanza que hay en vosotros" (1 Pedro. 3:15). Si usted conoce a alguien que esté interesado en los asuntos eternos, pero tiene dudas acerca del cristianismo, por favor, ponga este libro en sus manos. Con entusiasmos le encomiendo esto a usted.

—**Justin Peters**, Fundador de *Justin Peters Ministries, justinpeters.org*, Seminario/DVD *Clouds without water: A Biblical Critique of the Word-Faith Movement*, y autor de *Do not hinder them: A Biblical examination of childhood conversion.*

Este importante libro nos recuerda que la verdad no está determinada por el subjetivo razonamiento humano, sino por nuestro Dios de la verdad que se revela a sí mismo en su Palabra, que es completamente suficiente. Este libro es un importante trabajo que proveerá ayuda a aquellos quienes han sido seducidos por quienes han humanizado la verdad de Dios.

—**Mike Hess**, Representante nacional de la *General Association of Regular Baptist Churches.*

Una teología equivocada conduce hacia una vida equivocada. En este oportuno trabajo, *Cinco medias verdades*, Flip Michaels ha presentado un manual claro y conciso acerca de los peligros de creer medias verdades, y cómo esto inevitablemente conduce a una vida equivocada.

En un mundo en el que la verdad es fácilmente desestimada y considerada insuficiente e irrelevante para el tiempo actual, este trabajo es un recordatorio de que la verdad de Dios perdura. Use este libro para recordarse a usted mismo de pensar correcta y bíblicamente, de que su mente debe ser renovada y su corazón transformado.

—**Dustin W. Benge**, Editor de *Expositor Magazine* y académico en *The Andrew Fuller Center for Baptist Studies.*

Flip Michaels, un hombre que tiene en sus manos el pulso de la cultura, ha catalogado las cinco principales medias verdades y una jerga engañosa que denuncia el rechazo actual del cristianismo: tanto en la academia como en la calle. Sin embargo, usando una lógica incisiva, demuestra que cada una de esas medias verdades es una mentira sutil. Por encima de eso, Flip provee de forma cautivante el estupendo antídoto de defensa de la Biblia y de la verdad cristiana con los pies en la tierra. *Cinco medias verdades* es un regalo para la iglesia y un mundo en necesidad.

—**R. Kent Hughes**, *Senior Pastor Emeritus of College Church* en Wheaton y profesor de *Evangelism and Culture* en el Westminster Seminary en Philadelphia, galardonado con el premio John Boyer.

Michaels toma una colección de trangresiones frecuentes, de francas verdades teológicas pero que han sido despojadas de sus partes puntiagudas y convertidas en círculos suaves. Luego los desempaqueta y trata de devolvernos toda la verdad. Si tu visión de Dios es demasiado suave, demasiado redonda, demasiado aguada, entonces lee este libro. Te desafiará dándote toda la verdad, y de esa manera te devolverá la verdad real.

—**Jesse Johnson**, Pastor y lider de enseñanza en *Immanuel Bible Church* en Springfield, VA; decano asociado en *The Master's Seminary* in Washington, DC; además de bloguero en *thecripplegate.com.*

CINCO MEDIAS VERDADES

UNA REVISIÓN A LAS IDEAS EQUIVOCADAS MÁS COMUNES ACERCA DEL CRISTIANISMO

FLIP MICHAELS

PATMOS

Cinco medias verdades

Publicado por Editorial Patmos,
Miami, FL 33166

Publicado originalmente en inglés por Christian Focus Publication, Geanies House Farms, Fearn, Ross-shire, IV20 1TW Scotland, con el título *Five Half Truths.*

Traducido por Roberto Cabrera

Diseño por Adrián Romano

ISBN: 978-1-58802-998-0

Categoría: Vida cristiana / Crecimiento espiritual

Impreso en Brasil | *Printed in Brazil*

CONTENIDO

Soli Deo Gloria
Solo a Dios la gloria

AGRADECIMIENTOS

Me gustaría agradecer a mi esposa e hijos por su amor y aliento en el camino para completar este proyecto. Sus sacrificios son muchos en el ministerio; y su apoyo siempre ha sido constante con el llamado de Dios sobre mi vida. Un agradecimiento especial para mi familia espiritual de GraceLife Church en Annville, Pennsylvania, ya que son una bendición de arriba. También, estoy en deuda con Willie Mackenzie, Rosanna Burton, con mi editor Larry Dixon, y el excelente personal de Christian Focus por hacer una realidad publicada este deseo personal.

PRÓLOGO

Por Phil Johnson

John MacArthur dijo una vez: "¿Media verdad? Eso es una mentira. Preferiría que lo llamen media mentira. Es una mentira con la intención de encubrir o engañar". Spurgeon hubiera estado de acuerdo. Él escribió: "La verdad absoluta es íntegra. Pero una parte de la verdad puede engañar y provocar que cometamos tan grandes errores como si hubiéramos creído una falsedad. La media verdad es una mentira".[1]

Una media verdad es una mezcolanza deliberada de verdad y falsedad, diseñada para tener la apariencia de candidez y credibilidad mientras que socava, oscurece y contradice la verdad real. Las medias verdades pueden incluso ser más mortales que las mentiras descaradas porque niegan la verdad con tan siniestra sutileza.

Jesús llamó a Satanás "mentiroso, y padre de mentira" (Juan 8:44). Una lectura cuidadosa de las Escrituras revela que el diablo es también el gran maestro de la media verdad. Si usted estudia las mentiras de Satanás registradas en la Biblia, descubrirá que muchas de ellas son medias verdades furtivas: engaño y distracción astutamente cubiertos con un taimado revestimiento de falsa sinceridad. Algunas veces, Satanás incluso fortaleció sus falsedades con citas de las Escrituras, parciales, torcidas y fuera de contexto. Así fue como puso a

1. Charles Haddon Spurgeon. *The Salt Cellars: Being a Collection of Proverbs, Together with Homely Notes Thereon*. (London: Passmore & Alabaster, 1889), 240.

prueba a Cristo. Citó Salmos 91:11-12, por ejemplo, en un intento de persuadir a Jesús a matarse a sí mismo. El diablo le dijo: "Si eres Hijo de Dios, échate abajo; porque escrito está: A sus ángeles mandará acerca de ti, y en sus manos te sostendrán, para que no tropieces con tu pie en piedra" (Mateo 4:6). Aunque esa promesa en los salmos es muy cierta, habla de la protección soberana de Dios cuando se nos hace el mal. No es una garantía de que no seremos dañados si cometemos transgresiones deliberadas o hechos temerarios de imprudente malicia. Y dado que las Escrituras expresamente nos prohíben tentar a Dios, sería un pecado radicalmente tonto que alguien saltara desde el pináculo del templo con la finalidad de ver si Dios envía ángeles para evitar el desastre. Así que Jesús respondió a la torcida media verdad de Satanás con una sencilla cita de Deuteronomio 6:16: "Escrito está también: No tentarás al Señor tu Dios" (Mateo 4:7).

El diablo dijo a Eva: "Cuando comas [del fruto prohibido] tus ojos serán abiertos... sabiendo el bien y el mal". Cierto. Pero añadió: "Y serás como Dios". Falso. De hecho, esa es una mentira maldita y condenatoria. Esa media verdad llevó a la caída de la humanidad y abrió la puerta para todos los males en el universo material.

La clave del peligro de las medias verdades es que tienden a hacer que las mentiras y errores parezcan buenos, o suenen atrayentes. Vivimos en una era en la que multitudes —incluyendo incontables cristianos profesantes— están perfectamente dispuestos a aceptar medias verdades, especialmente en el ámbito de la doctrina bíblica y de la predicación del Evangelio. Cualquiera que haya intentado alguna vez corregir algún popular pero mortal error teológico sabe que esto es así. La gente afirma que puede "comerse la carne y escupir los huesos". Pero cuando una media verdad corrompe el Evangelio, la doctrina de la encarnación de Cristo, o cualquier otra verdad cristiana fundamental, "comerse la carne" de esos huesos no es un enfoque bíblicamente sensato o espiritualmente seguro para tratar con el error. Vea Gálatas 1:8-9 o 2 Juan 7:11. Hay una muy buena razón por la que nadie intenta sacar la carne de un animal atropellado que lleva seis días muerto.

Flip Michaels ha producido este recurso increíblemente útil para ayudar a los lectores a desenredar la verdad del error en cinco de las medias verdades teológicas más populares producidas por el diablo. Me encanta la claridad y energía con las que escribe. Me encanta la habilidad con la que responde a las falsedades del enemigo. Y me fascina su obvia devoción a la verdad bíblica. En una forma sencilla pero profunda nos proporciona la verdad, toda la verdad, y nada más que la verdad. Esa, por supuesto, es la única manera aceptable de presentar la verdad bíblica. Confío que este libro tenga una muy larga vida útil, y oro que alcance a un público muy grande.

Phil Johnson

Director Ejecutivo de *Gracia a Vosotros*, y pastor de *Grace Community Church* en Sun Valley, California.

Mayo de 2018.

INTRODUCCIÓN

Rastrear la verdad

Todos conocemos al menos a tres mentirosos. Tan solo mire en el espejo y será revelado cada uno de ellos: yo, mí y yo mismo (también conocida como la "trinidad impía").

El salmista nos dice: "Todo hombre es mentiroso" (Salmos 116:11). Innegablemente, esta imputación hacia el género humano es verdad. La mentira de Lucifer es lo que sedujo e inició la separación del hombre de Dios en el huerto del Edén (Génesis 3:4-5)[1]; y tristemente ha servido desde entonces como nuestro modelo para "decir la verdad". Toda la humanidad lo repite habitualmente. No hay espacio para negociar aquí. Es una realidad que nadie puede negar. Cada uno de nosotros está lejos de la exención. Todos hemos dicho al menos una mentira, por lo tanto, todos somos mentirosos.

Peor todavía, hemos aprendido a disfrazar nuestra mentira. La deshonestidad de hoy se entrega en un surtido de formas y tamaños. Observe a ver si reconoce algunas de ellas: está la verdad estirada (una mentira ambigua), una promesa rota (una mentira perezosa), el plagio (una mentira engañosa), una mentirijilla (una mentirita blanca), y una rotunda mentira descarada, así resaltada (¡mientes con todos los dientes!).

1. "Entonces la serpiente dijo a la mujer: No moriréis; sino que sabe Dios que el día que comáis de él, serán abiertos vuestros ojos, y seréis como Dios, sabiendo el bien y el mal".

No obstante, la más peligrosa y engañosa de todas es la media verdad, una clase de mentira que es consciente y calculadoramente errónea. Hay un motivo manipulador detrás de este crimen. Algo que el que la dice ha dejado fuera con la finalidad de engañar al que escucha. J. I. Packer una vez observó que "una media verdad disfrazada de verdad completa se convierte en una completa mentira"[2]. Sí, una media verdad es mucho más que una exageración o una elaboración; es una mentira de dos caras.

Esto ocurre a menudo al tratar con las declaraciones de la verdad de las Escrituras. Las mentiras se dicen para convertir las máximas en mitos. Una "pretensión de verdad" se genera y se predica sobre nada más que la cosmovisión relativista de un individuo, la idea infundada de que la verdad es diferente para cada persona. Lo que una vez fue una sincera conversación en busca de la verdad, rápidamente se convierte en lo que detiene una conversación. Cuando se emplea una media verdad el diálogo se frena bruscamente. "Puede ser verdad para ti, pero no para mí".[3]

Con esto en mente, creo que hay cinco medias verdades principales comúnmente usadas para desviar todas y cada una de las consideraciones de la validez de la Biblia, el cristianismo, Dios, Cristo y la fe. Han sido administradas para persuadir a la gente (incluido yo) de descartar y pasar por alto la verdad del Evangelio, "al aceptar demasiado [error] con tan poco discernimiento".[4]

Muy similar a lo que vemos en nuestro panorama político (independientemente de hacia donde se incline usted), estas medias verdades han creado una sociedad que niega la verdad. Las modernas

2. J.I. Packer. *A Quest for Godliness: The Puritan vision of the christian life* (Wheaton: Crossway, 1994), 126.

3. Para un recurso útil sobre respuestas al relativismo, ver el libro de Paul Copan, *True for you, but not for me* (Bloomington: Bethany House Publishers, 2009).

4. John MacArthur. *Fool's Gold? Discerning truth in an age of error* (Wheaton: Crossway, 2005), 19.

mentiras pluralistas son habitualmente consideradas como verdad sin una simple y solitaria refutación. El papel de la razón está siendo reemplazado por presuposiciones contaminadas. Hay una creciente población en la que abundan los errores y la lógica es escasa.

El gran predicador de antaño, C.H. Spurgeon, definió esta búsqueda de la verdad como "conocer la diferencia entre el bien y el casi bien"[5]. Relea esa cita. Note la disparidad entre los dos, pues es profunda. Puede ser que diga: "Bueno, al menos estás cerca", pero "cerca" solo cuenta si se acierta en la verdad, pues la verdad es completa, total, no "cerca". No, debemos de hacerlo bien. Es la disparidad entre "el espíritu de verdad y el espíritu de error" (1 Juan 4:6). Así que es mi más profundo deseo ver a Dios usar estas páginas para entregarle a usted lo que está "bien".

Quizá esta es una de las principales razones por las que está sosteniendo este libro en sus manos. Está buscando sinceramente la verdad. Gracias por hacer el compromiso de hacerlo.[6] Dé vuelta a la página para comenzar su travesía de lectura. Cada capítulo le revelará una *media verdad*, luego desvelará la *verdad entera*, seguida por una explicación de su *significado completo*.

He estado orando por este momento. Es tiempo de que expongamos juntas estas cinco falsedades para descubrir lo que se ha ocultado intencionalmente. Estas medias verdades han sido usadas por mucho tiempo para impedir que aprendamos la verdad completa.

---

5. Charles Haddon Spurgeon, citado por Ligon Duncan en el libro *Discipline of spiritual discernment* de Tim Challies, (Wheaton: Crossway, 2007), 1.

6. "Procura con diligencia presentarte a Dios aprobado, como obrero que no tiene de qué avergonzarse, que usa bien la palabra de verdad… y conoceréis la verdad, y la verdad os hará libres" (2 Timoteo 2:15; Juan 8:32).

1

MEDIA VERDAD #1:

LA BIBLIA FUE ESCRITA POR HOMBRES

Con respecto a la Biblia

Un grupo de estudiantes de escuela media están sentados en círculo sobre el suelo del aula. El maestro extiende a uno de los chicos una pieza doblada de papel con una frase escrita en ella: "Un perro escarbará un hoyo profundo para esconder un gran hueso". El primer estudiante se inclina hacia la izquierda y comienza a susurrar esta frase al oído del siguiente estudiante. Ese estudiante luego susurra lo que cree que es la frase que ha escuchado al oído de la siguiente persona, y así siguen. De oído en oído, el enunciado es alterado lentamente de la verdad a la ficción.

"Un perro escarbará un hoyo profundo para esconder un gran hueso".
"Un perro escarba hoyos buscando su único hueso".
"Un perro se extravió de un hogar amoroso".
"Un perro ha aprendido a usar el teléfono".

Para el momento en el que el enunciado ha alcanzado su destino final, ha sido completamente malinterpretado y convertido en algo que no suena nada como el original. ¿Recuerda jugar al "teléfono descompuesto"? Es un gran rompehielos para las fiestas. Sin embargo, hay quienes creen que también se ha jugado en el ámbito espiritual, un juego en el que las circunstancias comunes se han transformado en momentos milagrosos, usted sabe, como esos de los que leemos en la Biblia. Algo sencillo ocurre, pero cuando usted agrega el oído de un escucha y revuelve suavemente la historia conforme avanza el tiempo... *¡voilá!* La verdad se ha convertido en ficción. Lo que era profundo ahora es superficial.

Permítame ilustrar tal situación; aquí hay un ejemplo de la Biblia. Una noche aproximadamente hace dos mil años, Jesús había decidido alejarse de las multitudes, las cuales incluían a sus propios discípulos. Deseaba estar en oración, que lo dejaran en paz para estar en comunión con su Padre antes de entrar en la siguiente etapa importante de su ministerio. De modo que envía a los doce a un barco para que salieran hacia Capernaum, que está del otro lado del Mar de Galilea. Uno de sus discípulos, Mateo, ofrece más detalles en su propio evangelio:

> En seguida Jesús hizo a sus discípulos entrar en la barca e ir delante de él a la otra ribera, entre tanto que él despedía a la multitud. Despedida la multitud, subió al monte a orar aparte; y cuando llegó la noche, estaba allí solo. Y ya la barca estaba en medio del mar, azotada por las olas; porque el viento era contrario. Mas a la cuarta vigilia de la noche, Jesús vino a ellos andando sobre el mar. Y los discípulos, viéndole andar sobre el mar, se turbaron, diciendo: ¡Un fantasma! Y dieron voces de miedo. Pero en seguida Jesús les habló, diciendo: ¡Tened ánimo; yo soy, no temáis! Entonces le respondió Pedro, y dijo: Señor, si eres tú, manda que yo vaya a ti sobre las aguas. Y él dijo: Ven. Y descendiendo Pedro de la barca, andaba sobre las aguas para ir a Jesús. Pero al ver el fuerte viento, tuvo miedo; y comenzando a hundirse, dio voces,

diciendo: ¡Señor, sálvame! Al momento Jesús, extendiendo la mano, asió de él, y le dijo: ¡Hombre de poca fe! ¿Por qué dudaste? Y cuando ellos subieron en la barca, se calmó el viento. Entonces los que estaban en la barca vinieron y le adoraron, diciendo: Verdaderamente eres Hijo de Dios. (Mateo 14:22-33)

¿Puede el teléfono descompuesto explicar efectivamente un milagro como este? ¿Realmente caminó Jesús por encima de las tormentosas olas para encontrarse con sus discípulos como a cinco kilómetros de la orilla? ¿O pudo este mensaje haber perdido de alguna forma su significado original con el transcurso de los años? ¿Tal vez por los múltiples recuentos a lo largo de un período significativo de tiempo (de persona a persona a persona a persona) las acciones de Jesús fueron alteradas desde caminar cerca del mar y hacer rebotar rocas sobre el agua hasta caminar sobre ella y detener el viento?

Si eso fuera cierto, entonces una persona podría discutir que el relato bíblico es falso. Seguro, el viento soplaba y el alba pronto surgiría. Pero Jesús simplemente estaba disfrutando su tiempo de meditación junto al mar, haciendo "patitos" con las rocas, sabiendo que un nuevo día comenzaría con el brillar del sol.

Deténgase ahí. La mayoría de la gente no pelea esa información. Es una serie razonable de acontecimientos. La gente estaría de acuerdo con que es altamente probable que un hombre llamado Jesús viviera hace dos mil años (abordaremos esto específicamente en el capítulo cuatro); que el Mar de Galilea, hoy llamado el "Kineret", es famoso por sus aguas tormentosas, y que Jesús probablemente dio un paseo solitario a lo largo de la costa arrojando piedritas al agua antes del amanecer. Habría sido impresionantemente hermoso, con una aurora en progreso detrás de algunos cumulonimbos, ¡probablemente digno de una publicación en las redes sociales!

Sin embargo, eso no es lo que la Biblia nos dice. En lugar de ello, dice que "Jesús vino a ellos andando *sobre* el mar" (Mateo 14:26, énfasis del autor). Recuerde aquí que la afirmación de la Biblia es que Jesús *literalmente* caminó ola sobre ola hasta llegar al bote de los discípulos.

¿Qué versión cree usted? Elija cualquier milagro de la Biblia y se enfrentará exactamente con la misma pregunta:

- El relato de la creación: ¿Alteró el hombre el "*Big Bang*" del universo y lo convirtió en "En el principio…"?
- El diluvio universal: ¿Fue un acontecimiento limitado y local exagerado para cubrir el planeta completo?
- La separación del Mar Rojo: ¿Qué tal si solo fue un buen viento y los israelitas llegaron en el momento oportuno?
- La alimentación de los cinco mil: ¿No parece que esa cena ha sido excesivamente exagerada?
- La muerte y la resurrección de Cristo: ¿Tal vez estaba inconsciente, y nunca murió?

Con toda claridad, cada uno de estos ejemplos señala al mismo problema. Están ya sea del lado de la verdad o de la ficción. ¿Son una colección de realidades sin decoraciones ni adornos? ¿O meramente un surtido de dogmas dudosos y cuestionables? Por eso es que es vital que comprendamos cómo la Biblia se convirtió *en* la Biblia. Necesitamos saber que, si hay, las evidencias apuntan hacia una transmisión segura de los relatos bíblicos a lo largo del tiempo. ¿Es confiable y posible? ¿Podemos confiar en lo que hoy está en nuestra posesión como la verdad autorizada y pura?

LA MEDIA VERDAD

La Biblia fue escrita por hombres

En manera muy similar a como jugamos el teléfono descompuesto, se ha afirmado que hay una diversidad de cuentos de hadas agrupados a lo largo de miles de años. Los textos sagrados son vistos nada menos que como exageraciones históricas. Sí, algunos los consideran colectivamente como la "Santa Biblia", pero hay otros que no creen que este libro sea santo, ni que sea *la* Biblia. No hay nada espectacular o sobrenatural que pueda encontrarse aquí. Un libro hecho por los hombres que es singular en su creatividad, y valioso por algunas de sus máximas, pero eso es todo.

Primero, lo que esta media verdad implica es que la Biblia es profana y endeble. Ningún libro escrito por un montón de ancianos es sobrenatural ni está exento de errores. Esos relatos probablemente fueron víctima del teléfono descompuesto a lo largo de los siglos. Llámelas leyendas, pero en forma alguna pueden considerarse las palabras literales de Dios, comunicadas sobrenaturalmente al ser humano como una guía para la vida y para toda la eternidad. Una persona tendría que estar loca para creer eso rotundamente. "Mejor revise sus medicinas, porque me deja demasiado espacio para la duda".

Segundo, lo que también se implica aquí es la idea de que no hay tal cosa como una verdad absoluta, mucho menos una verdad exclusiva. Esta cosmovisión manifiesta que *ningún libro* puede hacer tal declaración. No hay razón para tratar a la Biblia como un relato auténtico o histórico, ni deberíamos darle nuestra total atención, porque la verdad es relativa. Solo los ingenuos se aferrarían a tan estrecha visión de que la Biblia es la única fuente de revelación de Dios a toda la humanidad. "Vamos, hombre, ¡no nací ayer!".

Una tercera y final implicación como resultado del teléfono descompuesto es que hay numerosas contradicciones y rotundos errores en la Biblia, y muchos intelectuales han comprometido tiempo y energía en probar lo que ya sabemos: este es un libro y mitos que contradicen tanto la ciencia como la historia. Además, una cantidad de sus juicios morales son obsoletos y en muy contados casos, por no decir nunca, son aplicables a nuestras varias culturas contemporáneas. El mundo académico de hoy coincide: un adulto maduro tendría que estar demente para confiar en este documento distorsionado como su estándar de la verdad. "Solo abra los ojos. ¿No ve que nuestra realidad contradice su razonamiento?".

LA VERDAD COMPLETA

La Biblia fue escrita por hombres e inspirada por Dios.

Primero, debemos reconocer que lo que llamamos las Escrituras (esto es, la Biblia, la Palabra de Dios) contiene sesenta y seis libros, 1,189 capítulos, 31,173 versículos, y 774,746 palaras.[1] Su origen humano no puede negarse, pues fue escrita por más de cuarenta diferentes autores. Estos hombres provinieron de todos los ámbitos sociales —reyes, profetas, un pescador, un cobrador de impuestos, un exfariseo— y representaron tres diferentes continentes, escribieron en tres idiomas distintos, a lo largo de un período de 1,600 años.

Aunque esa es solo la mitad de la verdad. No solo esos hombres escribieron esas palabras, sino que Dios fue el que les dio esas palabras para que las escribieran con precisión perfecta. Esa es la segunda mitad de la verdad. "Toda la Escritura es inspirada por Dios" (2 Timoteo 3:16). Dios es el autor divino, habiendo revelado su voluntad a cada uno de esos hombres. El mensaje que fueron inspirados a escribir se originaría desde la indómita mente del Todopoderoso.

La palabra griega para "inspirada" en este versículo es *theopneustos*. Se origina en dos palabras, *theós*, que significa "Dios", y *pnéō*, "exhalar". Literalmente, ¡Dios exhaló! Exhaló un Libro impecable con un mensaje singular a lo largo de casi dos mil años de historia humana. Es único. Este Libro de libros contiene en sus páginas muchas culturas, idiomas y acontecimientos históricos; y cada una de estas dimensiones humanas fue el vehículo en el cual Dios dio sus palabras exhaladas al

1. John MacArthur. *The NASB MacArthur Study Bible* (Nashville: Thomas Nelson, 2006); artículo "How we got the Bible", xvii.

hombre. El único libro perfecto o puro que alguna vez sostendrá usted en sus manos es la B-I-B-L-I-A, la misma Palabra de Dios.

EL SIGNIFICADO COMPLETO

Si la verdad completa es que Dios reveló sus palabras al hombre y divinamente guio el proceso de escritura y preservación de la Biblia, entonces el teléfono descompuesto es un esfuerzo ignorante por descartar este sobrenatural Libro de sabiduría. ¿Pudieron haber adornado las historias? No. ¿Exageraron de alguna forma los relatos? Me temo que no. No podemos hacer este tipo de argumentos, al menos no con sinceridad. No estamos en posición de rechazar la Biblia, porque la verdad completa nos dice lo contrario. Hay un significado mayor que el de la mitología popular de hoy. Se halla un propósito dentro de sus páginas.

El prolífico autor y profesor de seminario, D. A. Carson, lo declara mejor cuando escribe: "... más bien, tales Escrituras fueron el producto de los autores humanos y de la revelación del Dios que habla. Lo que las Escrituras dijeron, Dios lo dijo... porque sus palabras son las palabras de Dios".[2] Las implicaciones aquí son considerables. Deberían golpearnos como un bajón de cafeína. Si esta no es meramente palabra humana —sino de Dios— ¿entonces cómo la manejamos? Cuidadosamente. ¿Debemos estimarla? Extremadamente. ¿Podemos confiar en ella? Completamente. ¿Debemos obedecerla? Sumisamente.

En definitiva, es importante cómo consideramos a la Biblia, pero me estoy adelantando.

Hasta este punto yo asumo que usted querrá ver todos y cada uno de los datos históricos que apoyan tal afirmación de que la Biblia ha

2. D.A. Carson. *Collected writings on Scripture* (Wheaton: Crossway, 2010), 28.

sido escrita por hombres e *inspirada* por Dios. La verdad completa exige una explicación. Y comprendo su preocupación. Muchos "relatores de la verdad" están lejos de ser eso, relatores de la verdad. ¿Pero en dónde comenzamos? Primero debemos pedir alguna explicación de la relación entre la revelación verbal de Dios y su producto generado por manos humanas.[3] Una cosa es declarar la verdad completa, pero otra totalmente diferente hacer el trabajo pesado y desempacar su significado. La retórica sin razón es un pobre intento de persuasión. Dicho simplemente, es manipulación.[4]

Me parece justo. Empujemos este auto al lado del camino para examinar lo que se dice racionalmente. Lo haremos al mirar cuatro elementos primordiales: la *actividad* involucrada en cómo hemos recibido las Escrituras, y luego la *autenticidad* de los documentos de la Biblia, seguida de la *exactitud* de los detalles contenidos en sus páginas, y finalizaremos con el impacto de su *autoridad* como la Palabra de Dios.

ACTIVIDAD

Enfrentémoslo: la actividad —el proceso que comunicó y causó la Biblia— tendrá que ser significativo y sobrenatural si va a estar a la altura de la singular afirmación de ser la Palabra de Dios literal. Y verdaderamente lo es, originándose todo de una Fuente, Dios. Al explorar

3. Ibid, 31.

4. En su libro *Love your god with all your mind: The role of reason in the life of the soul* (Colorado Springs: NavPress, 1997), J.P. Moreland desafía esta práctica de manipulación retórica cuando dice: "Debido a la inconsciencia de nuestra cultura, la gente no persuade a otros de sus puntos de vista (religioso o no), sobre la base del argumento de la razón, sino más bien, expresando retórica emocional y palabras de moda políticamente correctas. La razón ha dado paso a la retórica, la evidencia a la emoción, la sustancia al eslogan, el escritor de discursos al hombre del maquillaje, y autoridad racional (el derecho a cumplir con el mandato y ser creído) al poder social (la capacidad de cumplimiento coercitivo y conformidad exterior)". 128.

este proceso, nos será útil familiarizarnos con unos pocos términos teológicos nuevos (revelación, verbal, pleno e inspiración). Como se ha señalado antes en este capítulo, fue Dios quien reveló su voluntad al hombre. La *revelación* de Dios es una revelación especial (opuesta a una natural, p. ej. la naturaleza) ya que es una autodivulgación divina de su voluntad. Pedro describe esta actividad en 2 Pedro 1:20-21: "...ninguna profecía de la Escritura es de interpretación privada, porque nunca la profecía fue traída por voluntad humana, sino que los santos hombres de Dios hablaron siendo inspirados por el Espíritu Santo". Por lo tanto, sí, es verdad que los hombres escribieron cada libro (p. ej. Pedro redactó 1 Pedro), pero fue Dios a través de su Espíritu el que determinó y dirigió la Palabra de Dios, protegiéndola de ese modo del error.

Piense en ello. Cada una de las palabras que fueron dadas al hombre a lo largo de esos 1,600 años encaja perfectamente en un rompecabezas milagroso. Lo que está en nuestra posesión vino directamente de Dios. Ninguna palabra está fuera de lugar, "...ni una jota ni una tilde..." (Mateo 5:18). No hay otro libro que pueda hacer esta aseveración; y los autores de la Biblia repetidamente atestiguan este fenómeno.

Señalando a Moisés en el Antiguo Testamento, Dios declara: "Profeta les levantaré de en medio de sus hermanos, como tú; *y pondré mis palabras en su boca*, y él les hablará todo lo que yo le mandare" (Deuteronomio 18:18, énfasis del autor). En el Nuevo Testamento, con respecto al nacimiento de Cristo, leemos: "Todo esto aconteció para que se cumpliese lo *dicho por el Señor por medio del profeta* [Isaías], cuando dijo: He aquí, una virgen concebirá y dará a luz un hijo, y llamarás su nombre Emanuel, que traducido es: Dios con nosotros" (Mateo 1:22-23, énfasis del autor).

Permanezca aquí conmigo. Eso es también lo que llamamos una *inspiración verbal plena*. Verbal, dado que Dios dio a esos hombres cada una de las palabras; plena, enfatizando que todas las palabras —sus palabras— tienen igual autoridad (no solo un concepto o las "palabras de Jesús en rojo"); e inspiración, lo que significa que Dios guio de forma divina el proceso y su preservación. Una vez más: inspiración verbal plena.

¿De modo que quién escribió el libro de Romanos, Dios o el apóstol Pablo? Pablo lo escribió, pero Dios lo inspiró. (¡Una pregunta capciosa!) Como puede ver, los escritores no fueron inspirados; su mensaje lo fue. El apóstol lo escribió con su pluma en su propio ambiente, pero fue el Espíritu de Dios el que le dio esas palabras. De hecho, los escritores de la Biblia testifican haber registrado las palabras reales de Dios unas asombrosas 3,808 veces.[5] David, por ejemplo, escribió en 2 Samuel 23:2: "El Espíritu de Jehová ha hablado por mí, y su palabra ha estado en mi lengua". Las palabras que fueron escritas fueron las palabras exactas que Dios quería. No se originaron en la mente de los autores humanos. Fueron exhaladas (recuerde, *theopneustos* "inspiradas") por Dios. Soberanamente él supervisó todo el proceso, incluyendo la vigilancia de la vida de cada autor humano. Él los preparó. Sus palabras fueron en realidad las de Él.[6]

En su obra clásica, *The inspiration and authority of the Bible* [La inspiración y la autoridad de la Biblia], B. B. Warfield argumentó: "Cuando Pablo declara, entonces, que 'cada escritura' o 'toda escritura' es producto del aliento divino, [que] 'es exhalada por Dios', afirma con toda la energía que puede que las Escrituras son el producto de

---

5. John MacArthur. *Focus on the fact* (New York City: Revell Company, 1977), 45.

6. Aprecio cómo Steven Cowan y Terry Wilder explican esto: "Esto no significa que Dios dictó mecánicamente las palabras de la Biblia a sus autores humanos ... Dios inspiró la Biblia al preparar providencialmente a los escritores humanos a través de su educación, educación y experiencias de vida, de modo que cuando escribieron, sus palabras fueron sus palabras. Y sin embargo, también fueron las palabras de Dios porque escribieron lo que Dios quería que escribieran". *In defense of the Bible: A comprehensive apologetic for the authority of Scripture* (Nashville, B&H Publishing Group, 2013), 4-5.

una operación divina específica".[7] Amén, y esa actividad divina se conoce como inspiración. Así es como hemos llegado a recibir el mensaje que da vida hallado en sus páginas.

AUTENTICIDAD

No solo es impresionante esta actividad (divina), sino que la autenticidad de esos documentos lo es igualmente. De hecho, muchos de ellos están ahora en nuestra posesión. Dios ha protegido y preservado en exceso su Palabra durante miles de años. Mientras que muchos libros antiguos pueden presumir del descubrimiento de cinco o incluso diez copias, la Biblia tiene miles al alcance de nuestras manos.

Los documentos originales (o evidencia de manuscritos) que componen la Biblia fueron organizados en libros —hay sesenta y seis en total, treinta y nueve en el Antiguo Testamento y veintisiete en el Nuevo Testamento. Específicamente del Nuevo Testamento hay 5,700 copias en existencia hoy y en número sobrepasan significativamente cualquier otro manuscrito antiguo. Los manuscritos están hechos ya sea de papiro o de pergamino. Algunos contienen tan solo una palabra o una frase, otros, una porción de una letra o incluso un testamento completo. Aunque ninguno de los originales (llamados "autógrafos") está en existencia, el volumen de las copias manuscritas ha permitido a los eruditos textuales reconstruir los originales. Unos pocos fragmentos se remontan de 25 a 50 años de los autógrafos, resultando un 99.99% de ellos recuperados.[8]

¡Estos números son sorprendentes! Negar la autenticidad de la Biblia es negar muchos de los libros que se nos requería leer en la universidad.

---

7. B.B. Warfield. The Inspiration and Authority of the Bible (Louisville, SBTS Press, 2014), 133.

8. MacArthur. *NASB MacArthur Study Bible*, artículo "How we got the Bible" xxi. Por cierto, no hay ninguna doctrina fundamental en riesgo en el 0.01% faltante.

No es broma. ¿Nunca le asignaron leer las *Tragedias* de Sófocles, la *Guerra de las Galias* de Julio César o cualquiera de las siete *tetralogías* de Platón? Ninguno de esos clásicos de la antigüedad podría reclamar ese 99.99%. Únicamente *La Ilíada* de Homero se acerca, con más de 1,800 manuscritos y un índice de 95%.[9] Si usted cree en la legitimidad y la fiabilidad de los escritos de Sófocles, César y Platón, entonces también debe reconocer la autenticidad de la Biblia. Rechazarla es rechazar a todos los demás. ¿Qué elección tiene el intelectual sino afirmar la autenticidad de la Biblia? Se ha dicho que "en contraste con estas cifras [de los libros de la antigüedad], el crítico textual del Nuevo Testamento es avergonzado por una abundancia de material".[10]

Y una vez más, únicamente hemos abordado el Nuevo Testamento. No obstante, el Antiguo Testamento es citado directamente en el Nuevo al menos unas 320 veces.[11] El público original del Nuevo Testamento reconoció el canon (la colección de escritos autorizados) del Antiguo, y lo hizo sin ninguna duda. Escritor tras escritor del Nuevo Testamento señala a un autor del Antiguo. En Romanos 9:29, el apóstol Pablo escribió: "Y como antes dijo Isaías"; y nuevamente en el 10:19: "Moisés dice…". Jesús mismo no fue la excepción cuando se

---

9. Gracias en gran parte a nuevos descubrimientos arqueológicos, muchas de estas cifras continúan actualizándose y se puede acceder a ellas en línea: http://www.josh.org/wp-content/uploads/Bibliographical-Test-Update-08.13.14.pdf.

10. Bruce M. Metzger y Bart D. Ehrman. *The text of the New Testament: Its Transmission, Corruption, and Restoration 4ª ed.* (Nueva York: Oxford, 2005), 51. Continúan: "Además, la obra de muchos autores antiguos se ha preservado únicamente en manuscritos que datan de la Edad Media (algunos en la tardía Edad Media), muy distantes del tiempo en el que vivieron y escribieron. Por el contrario, el tiempo entre la composición de los libros del Nuevo Testamento y las copias existentes más tempranas es relativamente breve. En vez de un lapso de un milenio o más, como es el caso de no pocos autores clásicos, varios manuscritos de papiro de porciones del Nuevo Testamento fueron copiados en un siglo más o menos después de la composición de los documentos originales".

11. Henry M. Morris. *Many infallible proofs, 19ª ed.* (Green Forest: Master Books, 2010), 57.

refirió al Antiguo Testamento, al citar el libro de los Salmos once veces, Deuteronomio, diez veces, Isaías, ocho veces, y Éxodo, siete veces.

Cuatro párrafos. Eso esto todo lo que he escrito apoyando la autenticidad de las Escrituras; y (como estoy seguro que usted puede verlo) la evidencia es abrumadoramente suficiente. Al argumentar a favor de la confianza del Nuevo Testamento, Daniel B. Wallace describe las actitudes desconcertantes de aquellos que continúan, a la luz de la evidencia, rehusándose a reconocer su autenticidad:

> Precisamente porque tenemos cientos de miles de variantes y cientos de manuscritos tempranos, estamos en una excelente posición para recuperar la redacción del original. Además, si los escépticos radicales aplicaran sus principios al resto de la literatura grecorromana, nos lanzarían de regreso al Oscurantismo, cuando la ignorancia era cualquier cosa menos felicidad. Sus argumentos solo suenan impresionantes en un vacío.[12]

Hemos visto la actividad (divina) al recibir la Palabra de Dios, es decir, que Dios reveló su voluntad escrita a los hombres a través del proceso de inspiración; y también hemos estudiado las afirmaciones (superiores) de su autenticidad. Esto incluye la evidencia de manuscritos del Nuevo, y la corroboración del Antiguo con los testimonios directos de Jesucristo y del apóstol Pablo. ¿Cuál es el siguiente paso? Debemos abordar la exactitud de la Biblia.

EXACTITUD

Anecdóticamente hablando, uno de los ataques más comunes contra la validez de la Biblia es también uno de los más débiles. Decir

12. Cowan y Wilder. *In defense of the Bible: A comprehensive apologetic for the authority of Scripture*, 151-52.

que “la Palabra de Dios no es realmente la Palabra de Dios porque es inexacta” es fácil de desmantelar. ¿Por qué? Porque va a la raíz de la Biblia, su contenido. Todo lo que necesita hacer es leer a lo largo de su Biblia para ayudar al individuo a ver que está equivocado en su apreciación. Y esta es generalmente mi primera pregunta al responder a la persona: “¿Ha leído usted la Biblia?”.

El gran teólogo, el Dr. R.C. Sproul, cuenta una historia similar de una conversación que tuvo después de que le preguntaron: “¿Cómo puede creer que la Biblia es infalible cuando está llena de contradicciones?[13]

> Pregunté: “¿Qué dijo?”. Él dijo: “Está llena de contradicciones”. “Déjeme hacerle un desafío”, le dije. “Este es un libro bastante grande, sesenta y seis libros. Si está lleno de contradicciones, no sería difícil encontrar algunas cuantas. Permítame hacerle este desafío: Es la una de la tarde en punto, yo me encontraré con usted aquí mañana a la una en punto, y quiero que me dé una lista de al menos cincuenta contradicciones de la Biblia. Usted debe poder hallarlas con facilidad entre hoy y las próximas veinticuatro horas ya que este libro está lleno de ellas”.
>
> “Ok, acepto”. Así que al día siguiente el tipo regresa a la una en punto… y me dice que estuvo despierto toda la noche, tiene cara de sueño… [pero] tenía una lista de treinta. Le dije: “¿Le pedí cincuenta? No tiene tantas ahí como pensaba, ¿cierto? Pero treinta, es suficiente para eliminar la infalibilidad, no hay duda de ello. Así que veámoslas una por una”. Y vimos cada pasaje de esos treinta, uno tras otro, en los que fui capaz de mostrarle, de forma satisfactoria, que ninguno de ellos violaba la ley de la no contradicción [en donde dos afirmaciones contradictorias no pueden ser ambas verdad en el mismo sentido al mismo tiempo].

---

13. Tomado de Q&A con R.C. Sproul & Ligonier Teaching Fellows (May 19, 2011), Ligonier Ministries, https://youtube/xnTSjntQzjY. Le animaría a escuchar esta historia en su totalidad, 50:00-54:00.

El punto de Sproul es importante: las Escrituras nunca contradicen a las Escrituras. Leer este libro (o cualquier otro libro si vamos al caso) en su verdadero contexto siempre ayudará a traer claridad. A menudo los versos son elegidos cuidadosamente sin considerar al público del autor en un intento por desviarlos e insultar la Palabra de Dios. Nuevamente, esta táctica es fácil de refutar. Lea su Biblia.

¿Pero qué pasa si llevamos esta línea de pensamiento un paso más allá? ¿Qué si se pudiera mostrar que las personas, acontecimientos y lugares históricos también son exactos? ¿Qué si los descubrimientos arqueológicos del pasado y del presente continúan ratificando su fiabilidad? ¿Y que si la ciencia mencionada en sus páginas no solo es comprobable, sino a menudo proclamada antes de su propio descubrimiento por el hombre? Entonces la media verdad del teléfono descompuesto no podría sostenerse, ¿correcto? Ni un minuto. ¿Por qué? Porque nunca jamás hallamos que algo compartido en el teléfono descompuesto regrese intacto, inalterado y totalmente exacto.

¡Reto aceptado! Podemos comenzar a examinar la Biblia históricamente. No como en la ficción histórica, en la que se usan acontecimientos reales e incluso personas reales en una línea histórica completamente nueva. En lugar de ello, queremos mirar brevemente dos fascinantes hechos (usando la arqueología) para apoyar la afirmación de la Biblia de su exactitud. Debajo está lo que creo que son dos de los mejores, que se ubican en la punta de una plétora de excavaciones de descubrimientos arqueológicos.

El primero se llama "*bulla*". Un grumo de arcilla usado para sellar un manuscrito o una escritura. Seguramente ha visto alguna *bulla* en alguna película, representando el sello real. El exterior del mensaje tenía una impresión (o incluso una huella digital) de, por decir, el rey, para sellar oficialmente y proteger este su documento de ojos entrometidos. Las *bullae* se usaban en tiempos bíblicos también. Así que toparse con semejante sello representaría un hallazgo sensacional.

¿Qué pasaría si usted se enterara que no se han descubierto uno, diez o cincuenta de ellos, sino cuatrocientos? Ese tipo de evidencia sería abrumadora. El erudito del Antiguo Testamento, Walter Kaiser, Jr., otorga gran importancia a esos hallazgos: "Se han hallado unas cuatrocientas inscripciones de sellos, la mayoría de ellas datan de los siglos VIII al X a. C. Esos sellos son el equivalente a encontrar la firma personal de esas personas del Antiguo Testamento".[14]

Específicamente, una de las *bullae* más emocionantes en ser desenterradas fue el descubrimiento del sello de Baruc en 1975. Baruc había transcrito todas las palabras de Jeremías, de acuerdo a Jeremías 36:4: "Y llamó Jeremías a Baruc hijo de Nerías, y escribió Baruc de boca de Jeremías, en un rollo de libro, todas las palabras que Jehová le había hablado".

El segundo artefacto que atrae nuestra atención se llama la "estela". Estas eran losas o piedras verticales usadas como monumentos. Tenían una superficie inscrita usada para marcar eventos importantes, tales como una victoria militar. Uno de tales hallazgos arqueológicos fue señalado en las páginas de la apreciada revista *Biblical Arqueology Review*: "Pocos descubrimientos arqueológicos bíblicos han causado tanta emoción como el de la inscripción de Tel Dan, hecha sobre una losa de piedra (o estela) del siglo IX a. C., que proporcionó la primera evidencia del rey David de la Biblia".[15]

Hallado en 1993, este fragmento tiene una expresión, "Casa de David", grabado en él, el cual afirma que la dinastía del rey David existió en realidad. La Sociedad de Arqueología Bíblica escribió en la misma publicación que "La inscripción fragmentada de la estela

14. Cowan y Wilder. *In defense of the Bible: A comprehensive apologetic for the authority of Scripture*, 214-15. "Además, la arqueología ha sido uno de los más fuertes aliados para defender la exactitud histórica del Antiguo Testamento… han provisto repetidamente una confirmación casi increíble de la exactitud de la historia del Antiguo Testamento". 220.

15. "'David' found in Dan", Biblical Archeology Review: 20:2. Marzo/abril 1994. 26.

probaba que el rey David de la Biblia fue una figura histórica genuina y no una simple creación literaria de fantasía de escritores y editores bíblicos posteriores. Quizá de mayor importancia, la estela, erigida por uno de los más feroces enemigos del antiguo Israel más de un siglo después de la muerte de David, aun reconoce a David como el fundador del reino de Judá".[16]

Sumérjase bien en el campo de la arqueología bíblica y descubrirá hallazgos emocionantes como esos que apoyan la exactitud de la Biblia. Desde una perspectiva histórica, no tenemos otra elección que confiar en la Palabra de Dios. La historia en la Biblia no tiene nada que ver con la ciencia-ficción.

Herbert Spencer fue un científico del siglo XIX que murió en 1903. Su carrera científica fue reconocida por un singular logro, la conclusión de que toda la realidad, todo lo que existe en el universo, puede ubicarse en cinco categorías: tiempo, fuerza, acción, espacio y materia. Su afirmación fue que nada puede existir fuera de estas categorías. Pero parece haber un pequeño problema con su descubrimiento, ¡Génesis 1:1 le ganó! "En el principio (tiempo) creó (acción) Dios (fuerza) los cielos (espacio) y la tierra (materia)". Todo lo que el señor Spencer tenía que hacer era abrir la Biblia. Todo lo que cualquiera tenía que hacer era leer el primer versículo del primer capítulo del primer libro.[17]

Otro avance científico tuvo que ver con el movimiento continuo del agua (por encima, sobre y debajo de la superficie de la tierra), también conocido como el ciclo hidrológico. Una masa original de agua, por siglos, ha pasado por el ciclo de evaporación, transpiración, precipitación e irrigación, solo para acumularse y comenzar el proceso completo otra vez. El hombre no comenzó a comprender este concepto de la hidrología sino hasta el siglo XVII. Adivine qué. Este

16. Ibid.

17. John MacArthur. *The battle for the beginning: Creation, Evolution and the Bible* (Nashville: Thomas Nelson, 2001), 40-41.

principio también se halla a través de la Biblia. Job 36:27-28 dice: "Él atrae las gotas de las aguas, al transformarse el vapor en lluvia, la cual destilan las nubes, goteando en abundancia sobre los hombres"; y otra, Isaías 55:10 añade: "Porque como desciende de los cielos la lluvia y la nieve, y no vuelve allá, sino que riega la tierra...".

Estas historias son persuasivas, ¿no lo cree? Aquí hay dos explicaciones adicionales.

En 1628, William Harvey supo al estudiar anatomía y fisiología que la circulación de la sangre es vital para la vida. Esto era algo grande, pues fue el primer médico en hacerlo. Con todo, la Biblia declaró eso mucho antes. Levítico 17:11 dice: "Porque la vida de la carne en la sangre está".

En 1639, fue correctamente predicho que Venus tenía una órbita fija, la cual daba como resultado que el planeta cruzara frente al sol cada dos años. En efecto, la conjetura fue correcta, pero el principio ya se había compartido mucho, mucho tiempo atrás en Jeremías 31:35: "Así ha dicho Jehová, *que da* el sol para luz del día, *las leyes* de la luna y de las estrellas para luz de la noche" (énfasis del autor). Cualquiera que sea el camino que usted elija, al examinar la exactitud de la Palabra de Dios con relación a la historia o con la ciencia, hallará en su travesía que ambos caminos llevan a la misma conclusión: el contenido de la Biblia es confiable. Es del todo exacto y plenamente confiable.

Sin embargo, esto nos presenta entonces un problema restante para resolver: autoridad. ¿Tiene realmente la Biblia el derecho a imponer sus valores sobre nuestro modo de vida?

AUTORIDAD

Revisemos rápidamente: actividad, autenticidad y exactitud. Si estamos de acuerdo que Dios habló su voluntad divina a y a través de hombres para que fuera escrita —una *actividad* de revelación especial a través de la inspiración— y aceptamos el abrumador conjunto de material que poseemos como indisputablemente *auténtico*, así como histórica y científicamente *exacto*, entonces solo nos queda una pregunta retórica: ¿merece el título de "la Palabra de Dios"?

Esta pregunta es retórica porque descansa en el carácter de Dios. Decir que Dios escribió esas palabras es decir que carga con el peso de su autoridad. Sus palabras son las palabras de Dios y son dignas de confianza porque Él lo es. Cuando la Biblia declara que "Dios, que no miente" (Tito 1:2), también está manifestando que lo que está escrito en la Biblia es "la palabra fiel… sana enseñanza" (1:9).

J.I. Packer hace esta misma observación en su libro *Fundamentalism and the Word of God* [El fundamentalismo y la Palabra de Dios]. Escribe:

> El enfoque bíblico hacia las Escrituras es el de considerarlas como el testimonio escrito de Dios hacia sí mismo. Cuando llamamos a la Biblia la Palabra de Dios, nos referimos, o deberíamos referirnos, a que su mensaje constituye una sencilla declaración de la cual Dios es el autor. Lo que las Escrituras dicen, lo dice él. Cuando escuchamos o leemos las Escrituras… es el discurso de Dios mismo.[18]

Muchos continúan argumentando que mientras puede estar bien declarar personalmente a las Escrituras como "la palabra de Dios", esto en ninguna manera implica que una persona pueda imponerla sobre un segmento de la sociedad. Especialmente cuando ese segmento elige ignorarla como originada del único y verdadero Dios.

Esta postura es mejor conocida como relativismo moral, en el que la verdad puede ser contradictoria, contextual y vinculada a la cultura. En otras palabras, no importa a esa persona lo que usted crea. Ellos

18. J.I. Packer. *Fundamentalism and the Word of God* (Grand Rapids: Inter-Varsity Press, 1958), 89.

dirían: "Solo porque usted cree no significa que yo debo hacer lo mismo. No se puede conocer una verdad universal, ni siquiera existe. Su religión puede ser verdad para usted y falsa para mí". Pero aquí está la verdadera cuestión de esta clase de pensamiento. Una falacia filosófica se interpone en el camino. Como puede ver, un relativista no continuará siéndolo cuando sus derechos son violados.

Se cuenta una historia de una discusión acerca del relativismo moral que tuvo lugar en un dormitorio en la Universidad de Vermont.[19]

> El estudiante comenzó a defender... "Lo que es verdad para ti, lo es para ti, y lo que es verdad para mí, lo es para mí. Si algo te funciona es porque lo crees, está muy bien. Pero nadie debería imponer sus puntos de vista a otras personas dado que todo es relativo [...]".
>
> Levanté su pequeño estéreo y comencé a salir del dormitorio con él. "¡Oye! ¿Qué estás haciendo?", gritó.
>
> "¿Qué te pasa?", cuestioné. "¿Tienes problemas en los ojos? Estoy saliendo de tu cuarto con tu estéreo.
>
> "No puedes hacer eso", escupió.
>
> "Bueno", repliqué, "dado que levanto pesas y corro habitualmente, creo que de hecho puedo hacerlo sin ayuda. Pero tal vez te refieras a: 'No debes hacerlo porque estás robando mi estéreo'. Por supuesto, sé por nuestra conversación previa que no es eso a lo que te refieres. Resulta que yo creo que es permisible robar estéreos si esto ayuda a la devoción de una persona religiosa, y a mí me serviría un estéreo para escuchar música cristiana en mi tiempo devocional por la mañana. Ahora bien, nunca trataría de obligarte a aceptar mis creencias morales en este respecto, porque, como dices, todo es relativo y no debemos imponer nuestras ideas en otros. Pero seguramente me vas a forzar a aceptar que está mal que robe tu estéreo, ¿verdad? ¿Sabes lo que creo? Creo que apoyas el relativismo en áreas de tu vida que

---

19. J.P. Moreland. *Love your God with all your mind: The role of reason in the life of the soul* (Colorado Springs: NavPress, 1997), 153.

te convienen, por decir, en la moralidad sexual, o en áreas que no te importan, pero cuando se trata de alguien que se roba tu estéreo o critica tus caballitos de batalla morales, sospecho que te conviertes en un absolutista moral muy rápido, ¿no lo crees?".

Ciertamente, cada uno de nosotros tiene una moral rectora. En realidad, somos "absolutistas morales". Es inevitable, ineludible y negar tal cosa es reconocerla. Esta verdad nos toca a todos. Todo lo que pensamos, decimos o hacemos está, ya sea bien o mal; y hay estándares absolutos para determinar su moralidad.

Se le han proporcionado buenas armas en este capítulo.

Ahora sabe que la Biblia no es el resultado de un juego de teléfono descompuesto que se ha jugado fortuitamente a lo largo de dos milenios. ¿De modo que cuál verdad escogerá creer? La media verdad: "la Biblia fue escrita por hombres" o la verdad completa: "la Biblia fue escrita por hombres *e inspirada por Dios*". El "príncipe de los predicadores", Charles Haddon Spurgeon, una vez rugió su elección desde un púlpito de Londres: "Prefiero hablar cinco palabras de este Libro, que 50,000 palabras de los filósofos!".[20]

RESUMEN

- **La media verdad:** La Biblia fue escrita por hombres. Seguro, suena bien, pero eso es lo único sólido de eso. De modo muy similar a como jugamos al teléfono descompuesto, esta declaración presupone que la Biblia es un conjunto de cuentos de hadas agrupados a lo largo de miles de años.

---

20. Predicado por Charles Haddon Spurgeon el 16 de marzo de 1892; no. 2246. *'Come From the Four Winds, O Breath!' The Metropolitan Tabernacle Pulpit*, Vol. 38 (Edinburgh: The Banner of Truth Trust, 1991).

- **La verdad completa:** La Biblia fue escrita por hombres e *inspirada por Dios*. No solo los hombres redactaron esas palabras, sino que fue Dios quien les dio su Palabra para que la escribieran con precisión perfecta; reveló su voluntad a cada hombre. El autor divino literalmente "exhaló" un Libro impecable con un mensaje singular por más de cuarenta autores que se extendieron por casi dos mil años en la historia humana.

- **El significado completo:** Dios habló su divina voluntad a y a través de hombres para que fuera escrita, una *actividad* de revelación especial a través de la inspiración (verbal, plena); y aceptamos el aplastante conjunto de material que poseemos como indisputablemente auténtico (p. ej. 99.99% de los manuscritos); son histórica y científicamente precisos (a través de los descubrimientos arqueológicos y de observación del hombre); y porque sus palabras son de Él, merece ser llamada "la Palabra de Dios", que carga con todo el peso de su *autoridad*.

2

MEDIA VERDAD #2:

TODAS LAS RELIGIONES SON LO MISMO

Con respecto al cristianismo

Si alguna vez ha visto algún juicio en directo, entonces sabe cuán enormemente importante puede ser la evidencia. La información precisa lleva, guía, dirige e incluso enseña al jurado para que puedan formarse una convicción. Los oyentes perspicaces hacen un buen trabajo como jurado. Al usar su capacidad analítica generalmente pueden unir el rompecabezas de la evidencia y emitir una buena decisión.

Pero considere por un momento las consecuencias de un veredicto equivocado. Todos hemos escuchado de un criminal condenado injustamente: una pobre alma que ha pasado cierto número de años en prisión solo para ser exonerado del presunto crimen porque, ah, bueno… ¡en realidad nunca lo cometió! No culpable. El prejuicio se convirtió en una barrera para el jurado. Ignoraron la evidencia. Era inocente y nunca debió ser encarcelada. Únicamente tenían un trabajo: examinar seriamente las palabras de los testigos y la evidencia sometida tanto por la fiscalía como por la defensa. El objetivo de todo jurado debería ser evitar tan monumental error a toda costa.

Permitir que la evidencia nos lleve a donde pueda llegar es de extrema importancia. Necesitamos ser "enseñables", contrario a una mente cerrada y un corazón endurecido respecto de cualquier asunto en particular. Rehusarse a escuchar la verdad equivale a ser ignorante de ella, en donde el prejuicio es tanto preconcebido y parcial antes de que se haya pronunciado una sola palabra. La sabiduría de Dios a través de la pluma del rey de Israel sostiene: "La reprensión aprovecha al entendido, más que cien azotes al necio" (Proverbios 17:10). ¡Guau! Quiero ser una persona que ha comprendido y no una que *se niega a escuchar* bajo su propio riesgo, ¿usted no?

Eso es exactamente en donde estamos en este segundo capítulo. Una audiencia está a punto de iniciar. El juez preside todos y cada uno de los pasos. Está evaluando la evidencia interna y externa que será presentada, sujetando a ambas partes a la ley, y guiando al jurado a cómo tomar la mejor decisión informada. Sus instrucciones son claras y definitivas: "Mantenga una mente abierta a lo largo del juicio. No decidan lo que será su veredicto hasta el final del juicio cuando hayan escuchado toda la evidencia".[1]

Imagine ahora que estamos sentados dentro de la sala del juzgado y que hemos recibido su consejo. Estamos ubicados a un lado del juez que preside, sentados en el banquillo del jurado. Sí, *somos el jurado*. En este caso, ya se nos ha presentado la evidencia del capítulo anterior.

Sabemos que la Biblia es de hecho la misma Palabra de Dios. Eso fue fácil de concluir a partir de las diversas presentaciones hechas al jurado. Hemos visto la actividad divina involucrada en recibirla, las afirmaciones superiores de su autenticidad y exactitud, así como su ineludible autoridad. Ni una sola alma en el jurado podría negar que es la misma Palabra de Dios. La Biblia no puede ser desestimada como

1. Suprema Corte de Pensilvania. *Norma recomendada para la instrucción de jurados civiles* (Mechanicsburg: PBI Press, 2011), 1.180.

un libro de historias mitológicas. Es un mensaje unificado de Dios. ¿Pero puede decirse más allá de toda duda razonable que es el *único* mensaje de Dios?

Por eso es que estamos sentados en el banquillo del jurado. Nos corresponde la responsabilidad de decidir, basados en el testimonio de los testigos oculares que estamos a punto de escuchar, si la acusación de la parte demandante de que "todas las religiones son lo mismo" es válida. ¿Es esta segunda declaración una media verdad o es algo que necesitamos admitir?

Al enfrentar esta posibilidad, de que la Biblia sea uno de muchos buenos libros de un buen dios, naturalmente emerge una cantidad de preguntas:

- ¿Podemos concluir que el corazón de cada religión es el mismo dios?
- ¿Hay una serie de similitudes entre cada una de las religiones del mundo?
- ¿Debemos valorar en la misma medida los *Sutras*, el *Corán*, las *Vedas* y el *Libro del Mormón*?
- ¿Existe Dios en forma común y corriente para la raza humana?
- ¿Es nuestra visión de Dios un constructo social, una proyección de la cultura en la que crecimos?
- ¿Puede toda esta curiosidad atribuirse a alguna necesidad psicológica de creer en un dios?

Si respondiera "sí" a cualquiera de estas preguntas, entonces no importaría de qué manera procediera en su vida, mientras de alguna forma se mueva hacia este dios de muchas religiones. Su esperanza, o el resultado previsto de cada una, llevarían a algo sobrenaturalmente similar, ¿correcto? ¿Qué importaría en lo que creyera, mientras que creyera en algo? Si se identifica como un agnóstico, baha'i, budista, católico, cristiano, cienciólogo, masón, gitano, hindú, testigo de

Jehová, judío, mormón, musulmán, rastafari, adventista del séptimo día, sintoísta, sikh, universalista unitario, o practicante de wicca (por nombrar unos cuantos), ¿todos tendrían que llevar y vincularse a un dios indomable, ¿correcto?

Al menos esos son los cargos de la parte demandante. Hace la acusación contra el cristianismo de que todas las religiones en su núcleo son una sola cosa. El acusador alega que el Dios de la Biblia es sencillamente una forma representativa del dios de toda la humanidad; todas las religiones están en pie de igualdad; y los cristianos no tienen derecho de declarar que solo hay "un camino" a la vida eterna con su Dios.

¿Serán suficientes estos argumentos para ganarse al jurado? ¿Es el abogado defensor capaz de probar —a través de las credenciales más convincentes— que estas afirmaciones son falsas? ¿Tiene validez alguna la exclusividad del cristianismo, una religión basada en la Persona y obra de Jesucristo? ¿Y puede soportar el escrutinio exhaustivo? Escucharemos del abogado defensor y sus testigos muy pronto.

LA MEDIA VERDAD

Todas las religiones son iguales

Se ha hecho la afirmación de que la Biblia es un buen libro de un buen dios, y que no es el único. Este es el punto de contención. Muchos estarían de acuerdo en que Jesucristo, el punto focal de la Biblia, fue también el eje central de la historia humana. Después de todo, su vida divide el tiempo en dos capítulos: a. C., "antes de Cristo" y d. C., "después de Cristo" (originalmente del latín que significa "en el año de nuestro Señor").[2] Casi cada religión importante del hombre enseña que Jesús fue un buen maestro (examinaremos esto en mayor detalle en el

2. John MacArthur. *The MacArthur New Testament Commentary, Juan 12-21* (Chicago: Moody Publishers, 2008), 2.

capítulo cuatro). Con todo, esto no significa que un pluralista aceptará plenamente las palabras de Cristo, palabras exclusivas tales como: "si no creéis que yo soy, en vuestros pecados moriréis" (Juan 8:24).

"Todas las religiones son lo mismo" implica una inclusión, no una exclusión. Es la idea de que la "verdad" es la verdad del mismo dios. Todas las religiones del mundo están en pie de igualdad y son legítimamente iguales.

Seguro, argumentarían que puede haber algunas diferencias, pero detrás de ellas hay una sencilla y masiva metanarrativa, una historia unificadora de un dios que está abierto y es accesible al hombre a través de muchos medios.

El problema aquí es que la Biblia nos dice algo totalmente diferente. Va intencionalmente contra la esencia de estas afirmaciones universales y globales. La Palabra de Dios no puede ser aglutinada con otras porque no es como ninguna otra. Intentar reconciliar al cristianismo con las religiones del mundo es argumentar ignorancia ante la corte. El Dr. Sproul reconoce el predicamento que esta clase de sobreestimaciones manifiestas ineludiblemente producen:

> Si realmente mira, de modo comparativo, analizando el contenido de las religiones del mundo unas con otras, una mirada superficial le mostrará que estas religiones no son lo mismo; y en muchos puntos son mutuamente excluyentes. Escucho a gente decir: "hay una resaltada unidad, todos creemos lo mismo". Eso no es cierto. Lo que los musulmanes creen acerca el bien y de la naturaleza de la redención es radicalmente diferente a lo que enseña el cristianismo, por ejemplo. Buda fue un ateo que sencillamente afirmó ser iluminado, Confucio habló acerca de la veneración a los ancestros, eso está muy lejos de la fe de las Escrituras.[3]

---

3. R.C. Sproul, *Serie Defending Your Faith*, serie de enseñanza: Lectura 32 "Preguntas y rspuestas". https://www.ligonier.org/learn/series/defending-yourfaith/

Nadie quiere parecer tonto. No obstante, eso es exactamente lo que ocurre cuando una persona intenta aseverar que estas religiones son todas igualmente válidas. Con bastante astucia, Sproul simplifica la imposibilidad de tal declaración:

> Y lo que no tiene usted en el budismo e islam, confucianismo, sintoísmo, taoísmo y estas otras religiones es una expiación. No tiene un camino de redención que tenemos en el cristianismo, ni tiene un Mediador viviente. Moisés está muerto, Buda está muerto, Confucio está muerto, y Mahoma está muerto. No hay resurrecciones en esas otras religiones. El cristianismo tiene elementos propios, contenido propio, que lo distingue de todas las otras religiones, y con esa distinción viene la afirmación de Cristo de que es el único camino verdadero a Dios.[4]

Lea nuevamente el último enunciado de Sproul, ya que está impregnado de significado. En efecto, él está diciendo que no tienen caso. Son literalmente polos opuestos, con visiones irreconciliables y objetivos incompatibles. El argumento de la fiscalía, "todas las religiones son lo mismo", no es nada más que un tipo de arrogancia disfrazada. ¡Un lanzallamas verbal! Respaldar esta media verdad es tomar la salida fácil, esperando que aquellos que la escuchen tengan poco sentido crítico y no estén preparados para responder a tal desafío. Y es una buena apuesta, ya que muchos solo harán eso y caerán presas de tan absurdo alegato.

En este capítulo tenemos noticias de la defensa, dirigida por un anciano estadista de la iglesia, el apóstol Juan.[5] Como miembro del

4. Ibid.

5. Puede aprender más acerca del apóstol Juan (y de los otros once hombres que fueron escogidos como discípulos de Jesús) consultando *Twelve ordinary men* por John MacArthur (Nashville: W Publishing Group, 2002). Fue Juan quien en su Evangelio se refiere a sí mismo como "el discípulo a quien Jesús amaba". (cf. 13:23). 110.

círculo más íntimo de Jesús, Juan está supremamente calificado para presentar los hechos honesta y precisamente. Él conoce bien las afirmaciones del cristianismo porque él estuvo ahí con Cristo. Pero este caso no es acerca de él. Quizá es por eso que él nunca menciona su propio nombre en todo el relato del Evangelio. (El único "Juan" que se menciona por nombre es "Juan el Bautista"). El enfoque de Juan es Alguien singular y él señala el propósito de su tomo (el Evangelio de Juan) en el capítulo 20:31. Es para que todos vean y crean "que Jesús es el Cristo, el Hijo de Dios, y para que, creyendo, tengáis vida en su nombre".[6] Cristianismo en pocas palabras.

Y así él tiene el peso de la prueba, una cantidad de testigos citados para testificar en oposición directa a las falsas religiones del hombre. Nosotros, el jurado, debemos escuchar atentamente a aquellos que sean llamados al estrado. Cada uno ha afirmado que el testimonio que está por dar ante la corte es "la verdad, toda la verdad y nada más que la verdad, lo juro por Dios".

Si está dispuesto a seguir leyendo, eso es exactamente lo que descubrirá. El Evangelio de Juan es un registro de una audiencia judicial que cada alma viviente debe leer y considerar cuidadosamente su veracidad. El corazón de la raza humana se está pesando en la balanza.

LA VERDAD COMPLETA

Todas las religiones son lo mismo, excepto el cristianismo.

Este día, la tribuna del juzgado está llena a rebosar. El juez golpea su mazo tres veces para silenciar el recinto y el murmullo de las voces comienza a callarse. Tiene toda su atención. "Puede comenzar su defensa, abogado". Es oficial, la corte está nuevamente en sesión. Juan se levanta de su asiento tras una de dos pequeñas mesas localizadas

6. R.C. Sproul. *St. Andrew's Expositional Commentary on John* (Lake Mary: Reformation Trust Publishing, 2009), 394.

frente al banco del juez. La fiscalía está sentada en la otra. Todos los ojos están sobre el apóstol y Juan sabe que debe convencernos, al jurado, de que la afirmación de la fiscalía es una media verdad.

El apóstol comienza su declaración inicial para todos los que alcancen a escuchar. Sus convicciones son profundas. Juan es un hombre comprometido con toda la verdad, no únicamente con clichés para suscitar emociones. Su refutación del argumento de la fiscalía será que no todas las religiones son lo mismo, que hay una que resalta entre ellas. Pero con la finalidad de que Juan demuestre esto, el jurado necesitará escuchar a los testigos más fuertes y más sólidos que jamás hayan entrado a una corte; y ciertamente, lo son. Estos relatos, por mérito propio, corroboran la transcripción de la corte más alta en toda la historia de la humanidad. Lo que leeremos es del Evangelio de Juan, y en él, cuatro testigos (Juan el Bautista, las obras de Cristo, Dios el Padre, y las Escrituras) han dado testimonio de la exclusividad del cristianismo. Imagine a cada uno de ellos listos para subir al estrado en esta sala de juzgado. Pero primero, Juan debe dirigirse al juez y al jurado. Lo hace con este texto, las palabras de Cristo.

> Si yo doy testimonio acerca de mí mismo, mi testimonio no es verdadero. Otro es el que da testimonio acerca de mí, y sé que el testimonio que da de mí es verdadero. Vosotros enviasteis mensajeros a Juan, y él dio testimonio de la verdad. Pero yo no recibo testimonio de hombre alguno; mas digo esto, para que vosotros seáis salvos. El era antorcha que ardía y alumbraba; y vosotros quisisteis regocijaros por un tiempo en su luz. Mas yo tengo mayor testimonio que el de Juan; porque las obras que el Padre me dio para que cumpliese, las mismas obras que yo hago, dan testimonio de mí, que el Padre me ha enviado. También *el Padre que me envió* ha dado testimonio de mí. Nunca habéis oído su voz, ni habéis visto su aspecto, ni tenéis su palabra morando en vosotros; porque a quien él envió, vosotros no creéis. Escudriñad *las Escrituras*; porque a vosotros os parece que en

ellas tenéis la vida eterna; y ellas son las que dan testimonio de mí; y no queréis venir a mí para que tengáis vida. (Juan 5:31-40, énfasis de autor)

EL TESTIGO DE JUAN EL BAUTISTA

La primera persona que el apóstol llama al banquillo de testigos es un hombre familiar para muchos. Es el mensajero conocido como "Juan el Bautista". Contrario a su nombre, Juan el Bautista hizo mucho más que bautizar. Fue un fiel precursor del Mesías. Este fue el profeta usado por Dios como testigo para anunciar la llegada del Hijo de Dios, Jesucristo. El apóstol resume el papel de este franco embajador, declarando:

> Hubo un hombre enviado de Dios, el cual se llamaba Juan. Este vino por *testimonio*, para que diese testimonio de la luz, a fin de que todos creyesen por él. No era él la luz, sino para que diese testimonio de la luz. Aquella luz verdadera, que alumbra a todo hombre, venía a este mundo (Juan 1:6-9, énfasis del autor).

Debe señalarse que el Evangelio de Juan puede leerse completamente más o menos en dos horas. (Ese es tiempo bien invertido). Si usted lo hiciera, encontraría que la palabra "testigo" o "testimonio" aparece muy a menudo. De hecho, se usa catorce veces como pronombre, y otras treinta y tres veces como verbo.[7] Combinadas y comparadas, estas formas solo aparecen un total de seis veces en otros relatos del Evangelio (Mateo, Marcos y Lucas). Merril C. Tenney señala que "[el] uso de Juan de estos dos términos supera el uso total de

7. μαρτυρία y μαρτυρέω respectivamente.

ellos en el Nuevo Testamento".[8] Juan está usando intencionalmente el concepto del testigo para señalar a la gente la verdad completa de primera mano. Un testigo ocular ayudará a separar los hechos de la ficción. Tenney agrega que el primer uso de este concepto de "testigo" en el 1:7 está "muy relacionado a la presentación progresiva de la persona de Jesús en la narrativa de Juan... Juan [el Bautista] fue el mensajero que dirigió la fe de los hombres hacia Dios, no el objeto de la fe en sí".[9]

Juan el Bautista era un hombre abnegado, y aquí sirve como el primer testigo en el estrado. Sus palabras conectan el Antiguo y el Nuevo Testamento entre sí. Visible y fielmente sirvió como el precursor de Jesucristo. Juan el Bautista proclamó al Mesías prometido ("el escogido", Malaquias 3:1), presenta a Emanuel ("Dios con nosotros", Mateo 1:23), y miró al Logos viviente ("el Verbo de Dios", Juan 1:14). Fue la misión de su vida ser el mensajero de Dios. Tuvo un propósito, decir a otros acerca del Hijo de Dios salvador, que es la afirmación exclusiva del cristianismo.

En un punto, el ministerio de Juan el Bautista se había vuelto tan popular ¡que alguien creyó que él era el Mesías! Con todo, él nunca afirmó ser Dios. Su magnífico testimonio repetidamente negaba su propio mesianismo. "Confesó, y no negó, sino confesó: Yo no soy el Cristo" (Juan. 1:20). Esto se ve nuevamente en el 3:28: "Vosotros mismos me sois testigos de que dije: Yo no soy el Cristo, sino que soy enviado delante de él". No hay duda en la sala de juzgado de que Juan el Bautista vio a Jesucristo como Aquel ser superior enviado de Dios. Se da más testimonio en el 1:30: "Este es aquel de quien yo dije: Después de mí viene un varón, el cual es antes de mí; porque era primero que yo".

---

8. Merrill C. Tenney, "Topics from the gospel of John, Part III: The meaning of "Witness" in John", *Bibliotheca Sacra* (July 1975), 229.

9. Ibid, 230.

EL TESTIGO DE CRISTO Y SUS OBRAS

La segunda persona llamada al banquillo de testigos por el apóstol Juan es Jesucristo mismo. Esto tenía sentido, y muchos lo esperaban, dado que Juan el Bautista continuamente hacía referencia a Él bajo juramente. No obstante, en un movimiento sorprendente ante la corte, Cristo declina ser su propio testigo. Él sabe perfectamente bien que los fariseos y los saduceos lo rechazarían formalmente, formulando una objeción basada en la ley del Antiguo Testamento. El testimonio de Cristo no sería totalmente admisible de acuerdo a Deuteronomio 19:15, que declara que "Sólo por el testimonio de dos o tres testigos se mantendrá la acusación". Esos testigos necesitarían ser alguien más que el individuo que está en juicio. Con Cristo como el tema dominante del cristianismo, el juez mantendría su objeción, queriendo decir que Cristo no podría testificar en su propio nombre.

Jesús sabía esto, pero no estaba descartando su propio testimonio al rehusarse a testificar. Como el Hijo de Dios, cada palabra que Jesús habla es verdad, la verdad de Dios. Él se levantó y dijo a la corte: "Aunque yo doy testimonio acerca de mí mismo, mi testimonio es verdadero…" (Juan 8:14).

Tal como un ingenioso ajedrecista, el apóstol Juan señaló al jurado las obras de Cristo en vez de sus palabras. Movimiento tras movimiento, Juan comenzó a compartir con su público milagro tras milagro. Primero comenzó con Jesús convirtiendo el agua en vino en una boda en Caná de Galilea (2:9). Luego habló de Nicodemo, un principal de los fariseos, quien había compartido que fueron las obras de Cristo las que llamaron su atención (3:1-2). Después de eso le siguió la mujer samaritana en un pozo declarando que el único Hijo de Dios podría conocer sus pecados secretos (4:29). Jesús también se identificó como Aquel que sanó al hijo de un oficial real (4:51), que alimentó a cinco mil personas en la región del norte de Galilea (6:2,11), que anduvo sobre el agua (6:19), y que sanó a un hombre que había nacido ciego (9:6-7).

Y por si eso no fuera suficiente, Juan luego hábilmente describió la resurrección de un amigo personal cercano, el famoso Lázaro. Había sido levantado de los muertos por el poder de las palabras de Jesús: "¡Lázaro, ven fuera!" (11:43). Algunos de los discípulos originalmente malinterpretaron las noticias de que Lázaro "dormía", ellos creyeron que estaba hablando de un sueño literal. Así que Jesús tuvo que explicárselos claramente: "Lázaro ha muerto" (vv. 13-14). Incluso la fiscalía sabía que no había necesidad de interrogar, porque había pasado cuatro días descomponiéndose en la tumba. Lázaro era un muerto en descomposición cuando fue traído de regreso a la vida por Cristo (11:1-44).

Pero Juan tenía algo incluso más milagroso que la corte escuchara antes de terminar con el testigo de las asombrosas obras de Jesús. Como puede ver, compartir los detalles de la resurrección de Lázaro con el jurado es un simple adelanto del más magnífico milagro de todos, la resurrección de Jesucristo. Él mismo resucitó de entre los muertos después de haber sido crucificado y puesto en una tumba sellada por tres días (20:9). No habría mayor despliegue de las obras de Cristo que su propia resurrección. Fue un testimonio irrefutable. Además, el Cristo resucitado del cristianismo había aparecido a los discípulos en el mar de Galilea (21:6).

Con eso, el apóstol Juan despidió a su testigo por razones del tiempo de la corte, aseverando: "Y hay también otras muchas cosas que hizo Jesús, las cuales si se escribieran una por una, pienso que ni aun en el mundo cabrían los libros que se habrían de escribir" (21:25). La evidencia fue masiva y cada vez mayor. Juan pudo haberse detenido aquí y hubiera sido suficiente para que el jurado emitiera un veredicto. Pero no lo hizo...

EL TESTIGO DE DIOS EL PADRE

La tercera persona que el apóstol decidió llamar al banquillo de testigos fue nada menos que a Dios el Padre. John MacArthur ha escrito que este testimonio "es infinitamente de mayor importancia que cualquier testimonio humano".[10] El Creador, el Todopoderoso, la Magnífica Gloria, el mayor Testigo que cualquier mortal pueda tener. Este es el Señor soberano del universo. Aquel llamado Yahvé, quien le dijo a Moisés en la zarza ardiente: "YO SOY EL QUE SOY" (Éxodo 3:14).

Podía escucharse una aguja caer cuando se pronunció su nombre en la sala del juzgado.

Juan a continuación explicó que es Dios el Padre quien directa y definitivamente ha testificado de las afirmaciones exclusivas de Cristo. El Padre hizo esto dos veces al inicio del ministerio de Jesús. Primero, durante su bautismo en Mateo 3:17, leemos: "Y hubo una voz de los cielos, que decía: Este es mi Hijo amado, en quien tengo complacencia". Segundo, en un evento conocido como "la transfiguración". Mateo 17:5 dice: "…he aquí una voz desde la nube, que decía: Este es mi Hijo amado, en quien tengo complacencia; a él oíd".[11]

Otro ejemplo de la afirmación del Padre tuvo lugar cuando la misión de su Hijo sobre la tierra estaba cerca de terminar. Jesús sufrió injustamente como ningún hombre antes; y murió de una de las muertes más crueles jamás concebidas, por medio de la crucifixión. Como un erudito escribió:

> La crucifixión era una ejecución vulgar y común que los romanos impusieron a notorios criminales, prisioneros de guerra y esclavos rebeldes. Su cruda brutalidad simbolizaba la supremacía del gobierno romano sobre la víctima. Los gentiles por lo tanto veían la crucifixión como una señal segura de la derrota de la víctima. Los judíos, por otro lado, menospreciaban incluso más a los crucificados porque la crucifixión era una señal de la maldición de Dios sobre la víctima.

---

10. MacArthur. *The MacArthur New Testament Commentary*, Juan 12-21, 212.

11. Tanto el bautismo de Jesús (específicamente, las palabras del Padre) como la transfiguración no se registran en el Evangelio de Juan, sino en los tres Evangelios sinópticos (que significa "similar") (Mt. 3:13–17; Mr. 1:9–11; Lc. 3:21–22).

Cuando Jesucristo comisionó a sus discípulos a predicar el Evangelio, les envió con un mensaje que chocaba con la sensibilidad cultural de ese tiempo. Su muerte y su resurrección eran la base para el perdón de pecados, sin embargo, tanto judíos como gentiles hallaron en la forma de su muerte —crucifixión— un severo impedimento para recibir el Evangelio, puesto que veían a los crucificados con completo desdén.[12]

Los discípulos necesitaban algo de garantía de la identidad de Cristo. Esto no fue el resultado que habían anhelado. Su comprensión de un "reino terrenal que vendrá" se inclinó pesadamente hacia el día presente y muy poco hacia el día "por venir". Esperaban una toma del poder terrenal que resultara en la remoción del dominio de Roma. Pronta y rápida. Huelga decir, la crucifixión de Cristo chocó con sus cálculos. Su mundo se estaba desintegrando ante sus ojos.

Los discípulos escucharon a Jesús hablar a menudo acerca de cómo estos acontecimientos fueron orquestados y ordenados por *El Elyon* ("Dios altísimo"). El Hijo a menudo había consultado a su Abba Padre. En cada ejemplo, Jesús estaba buscando glorificarle:

Jesús les dio esta respuesta:

> De cierto, de cierto os digo: No puede el Hijo hacer nada por sí mismo, sino lo que ve hacer al Padre; porque todo lo que el Padre hace, también lo hace el Hijo igualmente" (5:9).
>
> Mi doctrina no es mía, sino de aquel que me envió (7:16)
>
> Muchas cosas tengo que decir y juzgar de vosotros; pero el que me envió es verdadero; y yo, lo que he oído de él, esto hablo al mundo (8:26).
>
> Les dijo, pues, Jesús: Cuando hayáis levantado al Hijo del Hombre, entonces conoceréis que yo soy, y que nada hago por mí mismo, sino que según me enseñó el Padre, así hablo (8:28)

12. Donald E. Green, "The Folly of the Cross", *The Master's Seminary Journal*, 15/1 (Spring 2004), 59.

Nuevamente, el Hijo de Dios deseaba que el Padre fuera glorificado. Este fue el principal punto de Juan y no cejaría.

Estaba dirigiendo al jurado por un camino que provocaría que escucharan la mayor declaración posible. Pronto, este abnegado y puro acto de sustitución de parte del Hijo impulsaría al Padre a hablar.

Juan siguió describiendo (en su Evangelio) la ocasión —justo antes de la crucifixión— cuando Jesús había estado orando a su Padre. El deseo del Hijo era que su Padre recibiera la gloria de lo que iba a tener lugar en la cruz. Y sucedió. Fue en este momento, de acuerdo con Juan, cuando una voz del cielo dio testimonio de Aquel que cumpliría tan costosa comisión:

> Ahora está turbada mi alma; ¿y qué diré? ¿Padre, sálvame de esta hora? Mas para esto he llegado a esta hora. Padre, glorifica tu nombre. Entonces vino una voz del cielo: Lo he glorificado, y lo glorificaré otra vez (12:27,28).[13]

Dios el Padre, al responder la solicitud de gloria de Cristo, estaba en este juicio dando testimonio del cumplimiento de la profecía del Antiguo Testamento concerniente al Mesías, un relato de primera mano de parte del Eterno de que Jesucristo era el Elegido.[14]

¡Acabamos de escuchar un fascinante testimonio! Parecía en este punto que la confirmación de la exclusividad del cristianismo no podía ser más fuerte. Quizá era tiempo para que Juan terminara de exponer su caso. Y podría haberlo hecho, excepto por el diálogo divino que estaba por suceder.

---

13. La voz de Dios fue escuchada por la "multitud que estaba allí" (12:29). No obstante, ellos intentaron explicarlo al atribuirlo al sonido de un trueno o incluso de un ángel hablando.

14. Fue el cumplimiento de estas palabras proféticas de Isaías 42:1: "He aquí mi siervo, yo le sostendré; mi escogido, en quien mi alma tiene contentamiento".

EL TESTIGO DE LAS ESCRITURAS

El testigo final que fue llamado al estrado por Juan fue la misma Palabra de Dios. Generalmente, el acusado es el último en subir al estrado para la defensa, y no sería distinto en este juicio. Juan llevaba brevemente al jurado de regreso a la escena del crimen, en donde todo comenzó.

El teólogo inglés, A. W. Pink, una vez comentó: "Sobre el fundamento de la inspiración divina de la Biblia permanece o cae todo el edificio de la fe cristiana... no tiene caso discutir ninguna doctrina enseñada por la Biblia hasta que usted esté preparado para reconocer, sin reservas, que la Biblia es el más alto tribunal de apelación".[15] La exclusividad del cristianismo reposa en la exclusiva Palabra de Dios y en las exclusivas afirmaciones de Cristo.

Como vimos antes en el capítulo 5:39, Juan había citado a Jesús diciendo: "Escudriñad las Escrituras; porque a vosotros os parece que en ellas tenéis la vida eterna; y ellas son las que dan testimonio de mí". Luego añade en el versículo 46: "Porque si creyeseis a Moisés, me creeríais a mí, porque de mí escribió él".

Hijo de un abogado, el reformador Juan Calvino una vez escribió: "Por las *Escrituras*, es bien conocido... [es decir] el Antiguo Testamento; porque no fue en el Evangelio que Cristo primero comenzó a manifestarse, sino que habiendo recibido testimonio de la ley y los profetas, fue abiertamente exhibido en el Evangelio".[16] El Antiguo y el Nuevo Testamento son solo eso, testimonios de la exclusividad del cristianismo. La Biblia provee la prueba perfecta. Como evidencia exclusiva responde con impresionante autoridad. No puede haber otra religión, ni libros santos adicionales, ni un dios ambiguo.

---

15. A.W. Pink. *The divine inspiration of the Bible* (Swengel: Bible Truth Depot, 1917), 2.

16. Juan Calvino. *Calvin's Commentaries:* Volume XVII (Grand Rapids: Baker Books, 2009), 218.

Esto fue más que suficiente. El juez que presidía pidió al testigo que bajara. Disculpó al jurado, sabiendo que requerirían algo de tiempo de deliberación a puertas cerradas. Al regresar ellos se tendría que hacer una pregunta desde el estrado. Solo quedaría una pregunta final: "¿Ha llegado el jurado a un veredicto?"

EL SIGNIFICADO COMPLETO

El propósito de un testigo es persuadir. Se usa un testigo para verificar si la declaración que se está haciendo es verdadera. Juan comprendió esto y presentó a varios testigos oculares a lo largo de su relato del Evangelio. Hubo cuatro testimonios de Juan 5:31-40 resaltados en este capítulo (Juan el Bautista, Dios el Padre, Cristo y sus obras, y la Escritura), pero no son los únicos que encontramos en el Evangelio de Juan.

El apóstol se refiere al Espíritu Santo mientras este desciende como una paloma para confirmar sobrenaturalmente al Hijo de Dios (1:32), y más tarde habla de un hombre ciego que regañó a otros por no reconocer ni creer las afirmaciones sobrenaturales de Cristo. Leemos: "Respondió el hombre, y les dijo: Pues esto es lo maravilloso, que vosotros no sepáis de dónde sea, y a mí me abrió los ojos" (9:30).

El estudio de la palabra de un "testigo" rinde incluso un testimonio más fructífero. Por ejemplo, la Trinidad (Padre, Hijo y Espíritu Santo) atestigua acerca de la identidad de Cristo. Jesús habla del testimonio de su Padre cuando dice: "Yo soy el que doy testimonio de mí mismo, y el Padre que me envió da testimonio de mí" (8:18). Jesús también habla del testigo del *Espíritu Santo*: "El me glorificará; porque tomará de lo mío, y os lo hará saber" (16:14). Al dirigirse a Pilato, Cristo declaró *de sí mismo*: "Tú dices que yo soy rey. Yo para esto he nacido, y para esto he venido al mundo, para dar testimonio a la verdad. Todo aquel que es de la verdad, oye mi voz" (18:37).

Por último, el apóstol y autor Juan sirve como el testigo final al concluir su Evangelio. Escribe: "Y el que lo vio da testimonio, y su testimonio es verdadero" (21:24). El Evangelio de Juan sirve completamente como una narración cierta y fiel testimonio, y como testigo de las verdades contadas: "...y él sabe que dice verdad, para que vosotros también creáis" (19:35).

No puede haber duda de la finalidad del uso temático de testigos por parte del autor a lo largo del Evangelio de Juan. Tampoco se puede cuestionar cuán poderosa y persuasivamente cada uno declara la exclusiva afirmación del cristianismo, que Jesucristo es el Hijo de Dios. La evidencia fue presentada ante el público original de Juan, y desde entonces ha sido registrado por generaciones para ser examinado.

En el último capítulo vimos la actividad, autenticidad y autoridad de las Escrituras. Este tuvo mucho que ver con su aplicación. ¿Ha llegado usted a un veredicto? ¿Cree la media verdad de que "todas las religiones son lo mismo", o la verdad completa, "todas las religiones son lo mismo, *excepto el cristianismo*"? Si el puritano J. C. Ryle estuviera en el banquillo del jurado con usted, esto es lo que hubiera dicho acerca de aquellos que todavía se aferran a la media verdad: "¡Duros deben haber sido esos corazones que pudieron escuchar tal testimonio y sin embargo permanecieron sin conmoverse!".[17]

RESUMEN

- **La media verdad:** Es una declaración de que todas las religiones son básicamente lo mismo, llevando finalmente a algo similarmente sobrenatural. Esta declaración afirma que el Dios de la Biblia es sencillamente una forma representativa del dios de toda la humanidad; todas las religiones están en pie de igualdad; y los

17. J.C. Ryle, *Expository Thoughts on John*. Volume 1 (Carlisle: Banner of Truth, 2012), 211.

cristianos no tienen derecho a declarar que solo hay "un camino" a la vida eterna a través dc Jesucristo.

- **La verdad completa:** Todas las religiones son lo mismo, excepto el cristianismo. Ante la corte hemos escuchado "la verdad, toda la verdad y nada más que la verdad". Cuatro testigos, Juan el Bautista, las obras de Cristo, Dios el Padre, y las Escrituras dan testimonio de la exclusividad de Jesucristo y el cristianismo.

- **El significado completo:** Estos relatos del Evangelio de Juan corroboran la transcripción de la más alta corte en toda la historia de la humanidad. La Palabra de Dios no puede ser fusionada con otra porque no es como ninguna otra. Uno no puede reconciliar el cristianismo con las religiones del mundo porque esto sería hacerlo a costa de la verdad.

3

MEDIA VERDAD # 3:

DIOS ES AMOR

Con respecto a Dios

Gay. Fundamentalista. Súbdito[1]. Estas palabras son de uso frecuente hoy en día, y con todo, sus significados han cambiado radicalmente con el curso del tiempo. Cada uno ha experimentado un giro semántico. Sus interpretaciones, tal como las define nuestra cultura, son totalmente distintas de lo que se pretendía inicialmente.

Por ejemplo, la palabra "gay". Al principio, era un adjetivo conocido para describir a alguien o algo feliz y despreocupado.[2] Esta expresión

---

1. N.d.T. La palabra original en inglés es *minion*.

2. English Oxford Living Dictionaries. https://en.oxforddictionaries.com/definition/gay. El sitio de internet también menciona bajo el subtítulo "Uso", que "el significado de *gay* como 'homosexual' se estableció en la década de 1960 como el término preferido por los hombres homosexuales para referirse a ellos mismos. Ahora es el término estándar aceptado en el mundo de habla inglesa. Como resultado, los otros sentidos del significado de *gay*, con siglos de antigüedad, que quieren decir "despreocupado" o "brillante y llamativo" han dejado más o menos de ser de uso natural. La palabra *gay* no puede usarse hoy fácilmente en esos sentidos antiguos sin

festiva se convirtió luego en un término negativo para describir algo como "ridículo, estúpido o mediocre".[3] Hoy, usted y yo sabemos que esta palabra es un sustantivo común, un identificador de un hombre que es homosexual.[4]

Otro ejemplo de esta evolución se ve con "fundamentalista". En un tiempo, su uso era una "reacción directa a la creciente influencia de las formas "liberales" o "modernistas" del cristianismo".[5]

Decir que usted era "fundamentalista" podía significar que se había identificado con los fundamentos de la fe cristiana. Básicamente, usted era un cristiano creyente en la Biblia, que compartía el Evangelio y vivía de forma conservadora, abrazado a sus creencias esenciales.

Ese ya no es el caso, como lo explica Phil Johnson:[6]

> Mire, hay ciertas doctrinas que son tan básicas, tan fundamentales, que si las niega, o si se aleja de ellas, entonces realmente ha socavado toda la base de la fe cristiana. Estos son los fundamentos de la fe. Creo que hay doctrinas así de importantes. Y en ese sentido, mi corazón late con los fundamentalistas originales, y lo que la gente

---

provocar un sentimiento de doble significado, a pesar de los intentos concertados de algunos por mantenerlos vivos. En su significado moderno *gay* normalmente se refiere a hombres (siendo *lesbiana* el término estándar para la mujer homosexual), pero en algunos contextos puede usarse tanto para hombres como para mujeres". La palabra "*queer*" (raro) también ha experimentado una metamorfosis similar.

3. Ibid. A menudo empleada tanto de forma ofensiva como informal, p. ej. "¡Esa canción es muy *gay*!".

4. Merriam-Webster. https://www.merriam-webster.com/dictionary/gay.

5. Stanley J. Grenz, David Guretzki, Cherith Fee Nordling. *Pocket Dictionary of Theological Terms* (Downers Grove: InterVarsity Press, 1999), 54.

6. Tomado de una entrevista en *Rightly Divided with Lane Chaplin*: Definiendo y defendiendo el evangelicalismo histórico, con Phil Johnson como invitado, https://www.youtube.com/watch?v=O8NTmQZLbY4 (25 de octubre 25 de 2009). Phil Johnson es el director ejecutivo de *Grace to you* (*Gracia a Vosotros*) y pastor/anciano en la iglesia Grace Community en Sun Valley, California.

quiso decir con esa palabra cuando se acuñó. Pero ya no significa lo mismo. Ahora un fundamentalista es un musulmán radical con una bomba… Yo no le llamaría a usted así hoy, especialmente si está por abordar un avión.

¡Tiene razón! Mucho de nuestro discurso de los años pasados ha sido ahuecado. Conformado por nuestra siempre cambiante cultura, nuestro lenguaje ha sido lingüísticamente retorcido. Es un intento descarado de reinventar la realidad. Tenemos una imaginación moral, lo que hace difícil permanecer actualizado, mantenerse al día, ya que una cantidad de palabras y frases del inglés se han vuelto obsoletas. Están vinculadas a algo más; y asumen una nueva ética. Se identifican con algo que está en conflicto con su significado previo (y a menudo caduco). Incluso la palabra esclavista 'súbdito' ha sido alterada de un peón indigno a esos pequeños individuos amarillos y amigables de las serie de películas *Mi villano favorito*.[7]

Nos gusta jugar con nuestras palabras:

- Si le dicen que "deslice", sin duda lo hará con un teléfono inteligente y el dedo índice.
- Si usted afirma que algo es "imponente", eso no lo llena de asombro. Al contrario, lo halla espantoso.
- Si fuera a recibir algo de "*spam*", muy probablemente deseará borrarlo, no comérselo[8].
- Si planea usar su "celular", no necesita comprar un poderoso microscopio electrónico para aislarlo. Sin embargo, requerirá de una señal fuerte.

---

7. ¿Quién no quisiera uno de los *minions* de Gru? ¡Con solo apretarlos y sacudirlos un poco, esos hombrecitos se vuelven varitas fosforescentes! Ver: http://despicableme.wikia.com/wiki/Minions

8. N.d.T. "Spam" es una conocida marca de jamón enlatado, pero también se llama así al correo electrónico basura.

- Si alguien lo cataloga a usted o a otro como "cerebrito", no significa que tengan un cerebro pequeño. Al contrario, significa que decidieron usarlo.[9]

Histérico, ¿no?[10] Aquí hay algunos ejemplos más para pensar: *dope* (hierba), virus, mota, *troll, über*[11] y *wicked* (malvado/genial). Estas palabras, junto con muchas otras, sufren del mismo síntoma. Llamémoslo amnesia cultural en la que intencionalmente olvidamos el origen, y luego lo alteramos para reflejar una nueva actitud o innovación. La lista de palabras y frases atrapadas en este desplazamiento semántico inevitablemente crecerá

Tristemente, el carácter de Dios ha experimentado el mismo tipo de abuso semántico, especialmente si se relaciona a su afecto hacia la raza humana. "Dios es amor" es una frase importantísima que ha sido desinfectada y sentimentalizada en los años recientes, para representar solo aquello con lo que la cultura está moralmente cómoda. Esta condición puede diagnosticarse como una alergia a la autoridad.

Ahora se nos aconseja vivir como lo deseemos, libres de culpa y de vergüenza. Nuestro problema, como muchos arguyen, no es con el amor de Dios, sino con una necesidad de amarnos a nosotros mismos tal como somos. "Haz lo que *te haga* feliz, lo que *se sienta* bien". ¿Suena un poco egoísta? Debería, es una obra catártica. Un llamado a permitir que nuestro yo (y el pecado) tomen su curso, todo so pretexto del amor de Dios. Y suena a algo así: "Necesitamos mantenernos fieles a lo que hay en el interior. Es decir, ¿no dice la Biblia que 'Dios es amor'?".

---

9. N.d.T. La palabra original en inglés usada por el autor es "*egghead*" (cabeza de huevo), que se usa comúnmente para describir a alguien muy inteligente o intelectual.

10. Como "cómico" no me refería a un momento de delirio y desorientación. Nuevamente, es cuestión de semántica en cualquier revolución tecnológica o moral; y sucede que estamos vivos en ambas.

11. N.d.T. Un superlativo informal, comparado probablemente con el nombre actual de la empresa de transporte privado, Uber.

Sí, lo dice. Ningún creyente o no creyente se lo discutirá, la frase surgió de las Escrituras. Definitivamente declara este atributo: "Dios es amor" (1 Juan 4:8).[12] ¿Pero el amor de Dios deja algún espacio para su justicia y su ira? Hay muchos que discuten obstinadamente que el Dios de amor del Nuevo Testamento es incompatible con el Dios vengativo del Antiguo.[13] Quizá usted haya escuchado antes que "un Dios de amor no juzga". O, puesto de otra manera, "Si Dios es un Dios de amor, ¿por qué enviaría a alguien al infierno?".

¿Qué quiso decir el apóstol Juan cuando sostuve en la Biblia que "Dios es amor"? Es imperativo que reconozcamos el significado correcto y rechacemos aquellos incorrectos atribuidos a este texto. Si nuestra visión de Él ha sido guiada por la emoción, entonces necesitamos saber que puede estar en el error. El teólogo del siglo XX, A. W. Tozer, expresó la misma preocupación:[14]

> Lo que viene a nuestra mente cuando pensamos en Dios es lo más importante acerca de nosotros. La adoración es pura o básica, mientras el adorador mantiene pensamientos buenos o malos acerca de Dios. Por esta razón la cuestión más seria antes de la iglesia es Dios mismo, y el hecho más portentoso acerca de cualquier hombre no es lo que en un momento dado diga o haga, sino cómo en lo profundo de su corazón concibe que Dios es. Es imposible mantener sólidas nuestras prácticas morales y correctas nuestras actitudes internas mientras nuestra idea de Dios sea errónea o inadecuada. Ninguna religión ha sido nunca mayor que su idea de Dios. La adoración es pura o vulgar, mientras el

---

12. También es llamado «el Dios de… amor» en 2 Corintios 13:11.

13. Un texto del Antiguo Testamento refiriéndose al desprecio de Dios hacia aquellos que se rebelan es Salmos 11:5: «Jehová prueba al justo; Pero al malo y al que ama la violencia, su alma los aborrece». Otro se halla en Oseas 9:15: «Toda la maldad de ellos fue en Gilgal; allí, pues, les tomé aversión; por la perversidad de sus obras los echaré de mi casa; no los amaré más; todos sus príncipes son desleales».

14. A. W. Tozer, *The Knowledge of the Holy* (New York: HarperCollins, 1978), 1.

adorador aloja pensamientos buenos o malos acerca de Dios. Tendemos, por una ley secreta del alma, a movernos hacia nuestra imagen mental de Dios. Si fuéramos capaces de extraer de cualquier hombre una respuesta completa a la pregunta: "¿Qué viene a su mente cuando piensa en Dios?", podríamos predecir con certeza el futuro eterno de ese hombre. Un concepto correcto de Dios es básico, no únicamente para una teología correcta, sino también para una vida cristiana práctica. Difícilmente hay un error en la doctrina, o una falla al aplicar la ética cristiana, que no pueda ser finalmente rastreada a ideas falsas e innobles acerca de Dios.

Como ya hemos establecido en capítulos previos, estas verdades deben erigirse a partir de *la verdad*, no podemos ir a otra fuente que la autorizada Palabra de Dios para aprender acerca de Dios. Es la inmunoterapia prescrita para este tipo de alergia. Lo que afirmamos acerca de Dios no puede estar sujeto a los caprichos del amor moderno, porque hay una correlación directa entre nuestra comprensión de Dios y en cómo elegimos vivir. Su conocimiento de Él es el fundamento para todo lo que usted piensa, dice y hace. Y una visión mala (o errónea) siempre degenerará en impiedad, mientras que una visión buena (o bíblica) puede solo generar piedad.[15]

Prepárese, porque esto realmente importa.

LA MEDIA VERDAD

Dios es amor

Este es el único atributo que algunos escogerán creer alguna vez acerca de Dios. Sin embargo, aun alterado, es donde nuestro Creador mira hacia su planeta Tierra con un afecto incondicional por todos. Suena

15. El apóstol Pablo inició con este principio práctico su carta a Tito, enfatizando que es un "conocimiento de la verdad que es según la piedad" (1:1).

muy bien, no amenazante y amante de la paz, ¿así que para que le hurgamos?

Porque esa entrañable expresión ha sido secuestrada de la Biblia y envuelta en plástico de burbuja para hacer parecer al Todopoderoso no tan poderoso. Como dice el mantra: "Dios me ama tal como soy". Necesitamos ver esta interpretación como lo que realmente es: petulancia; es una visión egocéntrica e individualista que ignora la caída del hombre y diluye la constitución de Dios a algo no bíblico e inefectivo. Se ha convertido en una forma de filosofía que pervierte la naturaleza de Dios en aras del placer personal.

En realidad, este sentimiento se ha convertido en otra víctima de la semántica, y sus resultados en una nueva media verdad. Algo se ha revelado y escondido. Consciente o inconscientemente, se ha dicho esta frase para distanciarse de la responsabilidad moral. Y, en su mayoría, permanece sin ser detectada. La gente la compra en grandes cantidades. No hay cláusulas de penalización, ni obligaciones contractuales. Únicamente hay un llamado cultural a ser tolerantes aparentemente a todo excepto al significado original de la frase.

Distorsionar el amor de Dios[16] apunta a un cambio sísmico en nuestra cultura contemporánea, uno que equivocadamente altera la postura de Dios hacia el impenitente, rechazando de esa manera la enseñanza bíblica de un infierno literal y eterno. No solo esta media verdad implica que una persona está exenta de la ley moral, sino que también sugiere que la naturaleza santa de Dios se ha exagerado seriamente. Sí, seguramente la mayoría estamos de acuerdo con que «Dios es amor», pero no a expensas de su santidad. Lo que está faltando es la verdad no contradictoria de todas las Escrituras en lo relacionado al carácter de Dios.

---

16. Esta frase fue tomada del título de la conferencia dada por D. A. Carson en el Seminario Teológico de Dallas, "On distorting the love God", 5 de enero 1998. El mensaje de treinta minutos (el primero de cuatro discursos teológicos) puede hallarse en línea en http://www.dts.edu/media/play/on-distorting-thelove-of-god-d-a-carson/.

Las palabras, las frases, y sus significados, todo importa.

Recuérdelo, el lado resbaloso de la semántica degrada el significado de cualquier palabra (o en este caso, una frase) en algo completamente distinto a su original. En un discurso dicho a los estudiantes y el profesorado del Seminario Teológico de Dallas, D. A. Carson describió el desafío que esto presenta:

> Si acaso hoy la gente cree en un dios, la inmensa mayoría sostiene que este "dios", como sea que él, ella o eso pueda ser comprendido, es un ser de amor. Pero eso es lo que hace la tarea del testigo cristiano tan abrumadora. Porque esta creencia ampliamente diseminada en "el amor de Dios" se establece con creciente frecuencia en una matriz distinta a la teología bíblica. El resultado es que cuando los cristianos instruidos hablan acerca del "amor de Dios" quieren decir algo muy diferente a lo que esto significa en la cultura circundante. Peor aún, ninguno de los lados puede percibir que esto suceda... para ponerlo de otra forma, en la cultura occidental actual muchas otras verdades complementarias acerca de Dios son puestas en duda ampliamente. No creo que lo que la Biblia dice acerca del amor de Dios puede sobrevivir en la primera línea de nuestro pensamiento si se abstrae de la soberanía de Dios, la santidad de Dios, la ira de Dios, la providencia de Dios, la persona de Dios, por mencionar unos pocos elementos no negociables del cristianismo básico.[17]

Para el punto del Dr. Carson, esta media verdad busca desafiar el carácter bíblico de Dios al quitarle el terror. ¿Qué vamos a hacer con la declaración del Nuevo Testamento que dice: "¡Horrenda cosa es caer en manos del Dios vivo!" (Hebreos 10:31)? Yo afirmaría que una cosmovisión bíblica del amor de Dios se ha reemplazado con una

17. Ibid.

secular. En un sentido, el hombre ha intentado instalar aire acondicionado en el infierno.

LA VERDAD COMPLETA

Dios es amor y es santo, santo, santo

Las Escrituras definitivamente apoyan la certeza de que Dios es amor. Su cuidado y preocupación incondicionales, sin duda alguna, se extienden a todos y cada uno. En su forma más simplificada, vemos el amor de Dios a la vista en el mundo en el que vivimos. Desde el comienzo de su creación, Dios ha sido intrínsecamente conocido por toda la humanidad. La sorprendente obra del Creador puede percibirse sin esfuerzo. Lo que quiero decir aquí es que es imposible que el ser humano pase por alto esta realidad. Sí, hay personas que la suprimen todo el tiempo, incluso la ignoran. Pero ninguno es verdaderamente capaz de hacer la afirmación de un ateo —alegando ignorancia acerca de la existencia y naturaleza de Dios— cuando la evidencia está en todo nuestro alrededor. Es tan "claramente visible" que no tenemos excusa al respecto para reconocerla.[18]

Además, ¿sabía usted que es destinatario del amor de Dios? A toda la humanidad se le ha dado ese regalo. Independientemente de su reconocimiento de un Creador divino, su cuidado providencial le alcanza, le afecta, le impacta. Cada uno de nosotros, de alguna manera, somos beneficiarios del amor de Dios. Su favor, en este respecto, se extiende a todos. Salmos 145:9 declara que "Bueno es Jehová para con todos, y sus misericordias sobre todas sus obras".

18. «Porque las cosas invisibles de él, su eterno poder y deidad, se hacen claramente visibles desde la creación del mundo, siendo entendidas por medio de las cosas hechas, de modo que no tienen excusa» (Ro. 1:20). Mientras que "detienen con injusticia la verdad" (v. 18), cada hombre sabe que hay un Dios. Ese conocimiento está dentro de toda la gente, "pues Dios se lo manifestó" (v, 19).

GRACIA COMÚN

Hablando teológicamente, esto es lo que se conoce como la doctrina de la gracia común. Es "común" porque que toca a cada hombre, mujer y niño; "gracia", porque no es merecida o ganada. El Dr. Heath Lambert en su libro A *theology of biblical counseling* [Una teología de consejería bíblica] nos proporciona una definición útil:

> La gracia común es la buena misericordia de Dios que muestra hacia todas las personas sin importar si han experimentado la salvación que viene únicamente a través de Jesucristo. Se llama común porque llega a toda la gente, creyentes y no creyentes por igual. Se le conoce como gracia porque esta bondad es inmerecida. La gente nace en pecado y al hacerlo no merece ninguna bendición de Dios, solamente juicio. Que Dios permita a la gente vivir y experimentar muchas bendiciones de la vida es una gran bondad... Uno de los lugares en el que vemos esto más claramente en la Biblia es en Mateo 5:43-45: "Oísteis que fue dicho: Amarás a tu prójimo, y aborrecerás a tu enemigo. Pero yo os digo: Amad a vuestros enemigos, bendecid a los que os maldicen, haced bien a los que os aborrecen, y orad por los que os ultrajan y os persiguen; para que seáis hijos de vuestro Padre que está en los cielos, *que hace salir su sol sobre malos y buenos, y que hace llover sobre justos e injustos*".[19]

Otra confirmación de su gracia común se ve en nuestra "vida intelectual",[20] en que Dios ha dado al ser humano intelecto e innovación.

---

19. Heath Lambert. A *theology of Biblical Counseling: The doctrinal foundations of Counseling Ministry* (Grand Rapids: Zondervan, 2016), 67-68. Énfasis del autor. El Dr. Lambert añade: "Jesús urge a sus escuchas a que sean como Dios al ser bondadosos con la gente que los odia. El punto que señala es que Dios es bondadoso con todos al enviar el sol y la lluvia para toda la gente, creyentes y no creyentes por igual. No tiene que ser salvo para disfrutar el sol en la playa o para que los cultivos sean regados. Dos envía esas bendiciones para todos".

20. Frase del Dr. Lambert, A *theology of Biblical Counseling*. 69.

Muchos de nosotros podemos estar agradecidos por nuestro entorno seguro, en el que tenemos avances médicos y tecnológicos que mejoran nuestras vidas diariamente. Imagínese lo que serían sus días sin teléfonos celulares, electricidad, hospitales ni agua corriente. Nuevamente, Dios es amor.

Su gracia común física e intelectualmente es verdad incuestionable. Común, otorgando bendiciones a todos, y gracia, que ni una sola alma la merece, ni puede hacer ningún reclamo de ella. Pero que una persona afirme que esta es la única clase de amor de Dios que existe, con poca o ninguna consideración por la verdad completa, es imprudente (otra media verdad, con seguridad).

GRACIA SALVADORA

Como dos lados de la misma moneda, el amor de Dios no solamente incluye una *gracia común* para toda la raza humana indiscriminadamente, sino también una *gracia salvadora* específicamente para quienes vienen a la fe en Cristo. Este amor mayor resulta en un alma salvada de la muerte e infierno eternos. El apóstol Pablo escribió en su carta a la iglesia de Éfeso acerca del "*gran amor* con que nos amó", explicándoles que "por *gracia* sois *salvos* por medio de la *fe*".[21] Los creyentes han sido salvos por Dios de enfrentar el justo juicio de Dios por el pecado.

El amor salvador de Dios es mucho más que común, y describirlo como tal es carecer del conocimiento bíblico acerca de sus perfecciones tal como Él nos las ha revelado.

Solo la Palabra de Dios inoculará a una persona de tal herejía. Debemos considerar el espectro completo del amor de Dios tal como está presentado en la Biblia. La verdad completa equivale a poseer la

21. Efesios 2:4b, 8a (énfasis mío). Exploraremos la "fe" con mayor especificidad en el capítulo cinco.

comprensión correcta de Dios. Cuando se arraiga en las Escrituras, nuestra idea del amor de Dios nos moverá del lado superficial al lado profundo de la piscina. John MacArthur explica:

> El amor de Dios... es un amor puro y santo, congruente con todos los otros atributos divinos... La simple declaración "Dios es amor" obviamente no expresa todo lo que puede conocerse acerca de Dios. Sabemos por las Escrituras que Él también es santo y justo y fiel a su Palabra. El amor de Dios no contradice su santidad; en vez de ello, la complementa y la magnifica, y le da su más profundo significado. Así que no podemos aislar esta frase del resto de las Escrituras e intentar hacer que el amor represente la suma de lo que conocemos acerca de Dios.[22]

La semántica no tiene influencia en las Escrituras. La cultura no puede cambiar el significado de esta frase. "Dios es amor", pero es un *amor santo*. Es un amor que infunde y permea el carácter completo de Dios. Su amor y santidad no son atributos mutuamente excluyentes. Coexisten, trabajan en tándem, influenciándose uno al otro. La verdad completa es que Dios es amor *y es* santo, santo, santo. Mientras que es amoroso hacia nosotros, eso no incluye la aceptación de nuestro pecado. Para decirlo de otra forma: Dios tiene una santidad amorosa. MacArthur añade:

> Sabemos que Dios es santo, "sin mancha, apartado de los pecadores, y hecho más sublime que los cielos" (Hebreos 7:26). Como un ser santo, sería perfectamente justo ver a todos los pecadores con el mayor desprecio. Pero es su amorosa santidad la que se acerca a los pecadores con salvación para ellos, la antítesis del distanciamiento y la indiferencia.[23]

---

22. John MacArthur. *The love of God: He will do whatever it takes to make holy* (Dallas: Word Publishing, 1996), 28.

23. Ibid, 29.

La gracia común es vista en la preocupación de Dios por el bienestar general del hombre, una "extensión del favor de Dios para toda la gente a través del cuidado providencial, no importando si reconocen y aman a Dios".[24] Pero es en su gracia salvadora en donde la santidad amorosa de Dios se comprende mejor. El Hijo de Dios fue enviado en una misión de rescate para salvar a los pecadores arrepentidos de la ira del Padre. Hay una liberación del castigo de Dios por el pecado que se halla en la cruz del Calvario. Este amor, esta gracia, ha sido llamada sublime, y con razón.[25]

La gracia salvadora es un regalo para recibirse, no ganarse. Y cuando se abre, el creyente genuino encuentra dentro perdón y misericordia perpetuos en Dios. No puede nunca jamás ser quitado por Aquel que lo dio. No tiene fecha de expiración. Su vida útil durará por toda la eternidad. Esta es una clase de amor sin fin, que viene a nosotros al mayor coste, del mayor lujo en el universo conocido: la sangre de Jesucristo, el Hijo de Dios. Para todos los que creen, este regalo gratuito fue dado y será recibido. Un regalo salvador conocido como gracia salvadora.

A la edad de veintiuno, C. H. Spurgeon predicó un sermón titulado *A visit to Calvary* [Una visita al Calvario]. En él, magistralmente ilustró la diferencia entre estos dos amores, el común y el salvador:

> Amados, nunca conoceríamos el amor de Cristo en toda su altura y profundidad si no hubiese muerto; ni podríamos conocer cuán profundo es el amor del Padre si no hubiese entregado a su Hijo para morir. En cuanto a las misericordias comunes de que gozamos, todas ellas cantan de "amor", lo mismo que la caracola, cuando nos la

24. Grenz, Guretzki, y Nordling, *Pocket Dictionary of Theological Terms*, 56.

25. "Sublime gracia" e "inmensurable amor", tomados de dos himnos teológicamente ricos. "Sublime gracia del Señor (que a un infeliz salvó)", y "Maravilloso es el gran amor… ¡Grande, sublime, inmensurable amor!). Ambos se encuentran en Hymns of Grace (Los Angeles: The Master's Seminary Press, 2015), 89, 180.

ponemos al oído, susurra acerca de la profundidad del mar de donde provino. Pero, ¡ah!, si desean escuchar el mismo mar, si desean escuchar el embravecido batir de las olas, no deben mirar a las misericordias cotidianas, sino a las misericordias de aquella noche, de aquel día, de aquella noche a mediodía, cuando Cristo fue crucificado.[26]

EL SIGNIFICADO COMPLETO

Ciertamente, cada individuo tiene mucho por lo que estar agradecido. Ya sea que crea en Él o no, los regalos divinos de la bondad de Dios son puestos a disposición para admirarlos y beneficiarnos día tras día. No obstante, un fin pavoroso espera a la persona que permanezca ignorando la santidad de Dios.

Ser confrontado con la verdad completa acerca del amor de Dios es tomar consciencia de quién realmente es Dios. No obstante, muchos viven su vida sin ninguna consciencia de Dios. ¿Es usted esa persona? Se evidenciará por las decisiones que haga, las prioridades que tenga, cómo escoge vivir su vida. Recuerde, hacemos realidad nuestra visión de Dios cada día. El conocimiento de Dios es fundamental para todo lo que usted y yo hacemos.

CONSCIENCIA DE DIOS

La semántica no nos será de ayuda aquí, especialmente si se relaciona a una comprensión correcta acerca de Dios el Creador y Redentor. A diferencia de nuestro uso de palabras y frases, Él es inmutable (no cambia). Dios no tiene principio ni fin, por lo tanto, no está sujeto

26. Charles H. Spurgeon, *Spurgeon's Sermons: Volume* 5 (Peabody: Hendrickson Publisher's Marketing, 2011). 335.

a tales vientos de cambio. Él siempre será el mismo. Sus atributos permanecen inalterables desde los días de la eternidad pasada; y lo harán a lo largo de toda la eternidad futura. De esta forma, debemos ir a la Palabra de Dios para aprender e interpretar correctamente estos atributos. ¿Cómo es tener una consciencia de Dios?

En el Antiguo Testamento, el profeta Isaías escribe una visión que había recibido durante el reinado de un rey llamado Uzías.[27] Ungido a la edad de dieciséis años, Uzías estuvo en el poder como rey de Israel durante el siglo VIII a. C., y estuvo ahí por cincuenta y dos años. El Dr. Sproul observó que "muchas personas en Jerusalén vivieron toda su vida bajo el reinado del rey Uzías".[28] El reino fue muy próspero durante el gobierno de Uzías. Incluso rivalizó con el de Salomón, ya que las fronteras del reino se expandieron, el poder de su ejército se fortaleció, y se construyó una infraestructura como nunca antes se había visto. Esos fueron tiempos buenos y gloriosos.

EL PASAJE SE ENCONTRÓ CON LA NARRATIVA

El capítulo seis de Isaías comienza con siete palabras significativas que forman la metanarrativa del pasaje, el panorama general o el argumento general: "En el año que murió el rey Uzías" (Isaías 6:1a). Esa generación no estaba acostumbrada a tales pérdidas. La primera sería

---

27. Estoy en deuda con R.C. Sproul por todo lo que he recopilado de este pasaje (Is. 6:1-8). Él había predicado de este texto múltiples veces a lo largo de su ministerio (por ejemplo, "Santo, Santo, Santo", predicado en la Conferencia Nacional de Ligonier, "Después de la oscuridad, luz", el 25 de febrero de 2015. https://youtu.be/AgKzsZUmeBk); y ha escrito extensamente del tema de la santidad de Dios. Mi ejemplo favorito es: *The Holiness of God* (Carol Stream: Tyndale House Publishers, 1985). Muchas de mis palabras en estas páginas son suyas. Ningún otro ministerio de hombres ha ayudado a cultivar en mi interior tal apasionante consciencia de la santidad de Dios.

28. Sproul. *The Hollines of God*, 23.

la de su rey, y cuando murió vino un tiempo de duelo nacional. Fue un momento insoportable. Había habido muy pocos líderes piadosos en el pasado teocrático de esta nación (p. ej, David y Ezequías). El pueblo lo amaba y lloró a este rey, de forma muy similar a la que los Estados Unidos y espectadores del mundo entero lo hicieron por el presidente John F. Kennedy cuando fue abatido a tiros en Dallas. El agente retirado del Servicio Secreto, Clint Hill, el que se vio saltando a la parte trasera de la limusina presidencial ese trágico día del 22 de noviembre de 1963, escribió en su libro *Five days in November* [Cinco días de noviembre]:

> Afuera del Hospital Parkland, el mundo se detuvo. La gente que escuchaba los radios de los autos se orillaba, incapaz de conducir; las mujeres lloraban abiertamente mientras los hombres luchaban por contener las lágrimas. Los niños luchaban por comprender por qué sus padres, abuelos y vecinos estaban llorando. Ya fueran jóvenes o viejos, blancos o negros, en el momento en el que la gente escuchó las noticias está sellado para siempre en sus recuerdos.[29]

Algo similar había ocurrido ese día cuando Israel supo de la muerte de su amado rey. Dios, a través de este hombre, les había dado visión y esperanza. Al igual que a la realeza, el rey Uzías había animado al pueblo. Pero ahora se había ido; y la pérdida cobró su precio en ellos.

Segunda de Crónicas 26 nos da una perspectiva de cómo murió Uzías. Resultó que el rey no terminó bien. A pesar de su adquisición de gran poder y riqueza, este hombre trató de jugar a ser Dios.[30]

Uzías, orgullosamente, había buscado un papel que no era suyo. Los reyes no son sacerdotes, pero Uzías entró en el templo de todas formas. Lo hizo en contra del sabio consejo de ocho sacerdotes (vv. 17-18).

29. Clint Hill con Lisa McCubbin, *Five days in November* (New York: Gallery Books, 2013), 116-19.

30. Sproul, *The Holiness of God*, 23.

Uzías estaba determinado a quemar incienso en el santuario, a pesar de las restricciones. Osadamente lo hizo, cruzando la línea de un claro mandamiento de Dios. Tristemente, la desobediencia del rey, alias su orgullo, resultó en un juicio de lepra. Uzías viviría hasta el final de sus días "en una casa apartada" (v. 21), en discreta vergüenza.

LA MAJESTAD DEL REY

Lo que vino al siguiente día fue totalmente irónico. Durante la muerte de su rey terrenal, ¡Isaías recibiría una visión del Rey Definitivo!, algo que le quitaría el aliento. Las notas de Sproul dicen: "Los ojos de Isaías fueron abiertos para ver al verdadero Rey de la nación".[31] El profeta proclamó: "...vi yo al Señor sentado sobre un trono alto y sublime, y sus faldas llenaban el templo" (Isaías 6:1). Dios es visto sentado en un trono en una posición de exaltación, y su túnica (similar a la cauda del vestido de novia de la Princesa Diana)[32] llenaba cada centímetro cuadrado del templo. En el mundo antiguo, la magnificencia de un rey, su importancia, a menudo se desplegaba por el tamaño y la belleza de su túnica. ¡Y esta era una cauda magnífica y sobrenatural!

LA COMPOSICIÓN DE LOS ÁNGELES

Con la metanarrativa establecida de una nación en duelo por la muerte de un amado rey, se describe la anatomía de los ángeles.

31. Ibid, 26.

32. Lady Diana Spencer se casó con Charles, el Príncipe de Gales, el 29 de julio de 1982, en la Catedral de St. Paul en Londres. La cauda de su vestido de boda real era de 7.62 metros de largo, incluyendo 10,000 perlas y lentejuelas, y fue visto por más de 700 millones de personas en todo el mundo: http://news.bbc.co.uk/2/hi/uk_news/wales/6972870.stm

Verso 2: "Por encima de él [Dios] había serafines; cada uno tenía seis alas; con dos cubrían sus rostros, con dos cubrían sus pies, y con dos volaban".

Dios crea a sus criaturas para sus hábitats. Los peces son diseñados para vivir en el agua, y por lo tanto tienen escamas y branquias. Los pájaros son hechos para deambular por el aire, y por lo tanto tienen plumas y alas. Los osos polares están extraordinariamente equipados para la vida en el Ártico, simplemente mire su pelambre, su piel, sus patas y garras. Estos ángeles especiales vistos por Isaías están en la presencia de Dios, y por lo tanto tienen dos alas que cubren sus rostros. Esta característica es vital para su supervivencia. Así como un eclipse solar, estos serafines no pueden mirar directamente a la luz cegadora de Dios o les causaría daño permanente. ¡Su gloria es tan intensa que incluso estos ángeles deben proteger sus ojos! El Dr. Sproul agrega:

> Los serafines no son humanos pecaminosos agobiados con corazones impuros. Pero incluso como seres angélicos, todavía son criaturas, e incluso su noble estatus como miembros de la hueste celestial, es necesario que escuden sus ojos de una mirada directa al rostro de Dios. Están formidable y maravillosamente hechos, equipados por su Creador con un par especial de alas para cubrir sus rostros en su majestuosa presencia.[33]

Eso son solo dos de los pares de alas de los ángeles. Otras dos alas se ven cubriendo sus pies. ¿Por qué sería necesario esto? Porque son meras criaturas. Seres creados. ¿Recuerda la historia de Moisés y la zarza ardiendo? En Éxodo 3:5 Dios advierte: "No te acerques; quita tu calzado de tus pies, porque el lugar en que tú estás, tierra santa es". ¿Por qué debía quitarse las sandalias? ¿Qué hacía a ese suelo santo?

---

33. Sproul, The Holiness of God, 29.

¡Era la presencia de un Dios santo! Y para pensar, si ese suelo en Madián fue llamado "santo": ¡cuánto más santo debe ser el cielo!

Las últimas dos alas se mencionan como si fueran una adición posterior, Isaías describe que "con dos volaban". Esos ángeles hacían con sus alas lo que fueron creadas para hacer: dos para cubrir los ojos, dos para los pies y dos para volar. Cada conjunto de apéndices fue diseñado con el propósito específico de estar en la presencia de Dios.

EL MENSAJE DE LOS ÁNGELES

Sin embargo, todo aquí está perdido si perdemos el adorador mensaje de asombro de los ángeles. Isaías describe para nosotros su visión de un coro celestial de dos: "Y el uno al otro daba voces, diciendo: Santo, santo, santo, Jehová de los ejércitos; toda la tierra está llena de su gloria" (6:3).

A menudo, cuando queremos enfatizar algo, hoy usamos un recurso literario.[34] Algunas veces *las cursivas,* las negritas, [los corchetes], ¡los signos de exclamación! o subrayar comunicarán que lo que se está compartiendo es de increíble importancia. Otro ejemplo de esto se ve en el uso de la repetición. Por ejemplo, Jesús decía: "De cierto, de cierto" para crear este tipo de énfasis. Literalmente, estaba diciendo: "¡Pongan mucha atención a esta verdad!".[35] Con todo, aquí tenemos algo repetido no dos veces, ¡sino tres veces!

No es "amor, amor, amor" ni incluso "gracia, gracia, gracia". En lugar de eso, es una triple declaración de la santidad de Dios.

---

34. Sproul, The Holiness of God, 30-31.

35. Juan 8:51 es un buen ejemplo de tal uso, "De cierto, de cierto os digo, que el que guarda mi palabra, nunca verá muerte".

LO QUE SE MOVIÓ

Mire lo que sucede cuando su mensaje, esta ofrenda de adoración, es ofrecida por esos ángeles. Algo se mueve cuando un mensaje especial es dado por ellos. "Y los quiciales de las puertas se estremecieron con la voz del que clamaba, y la casa se llenó de humo" (6:4). ¿Qué fue lo que se movió? Absolutamente todo. No solo los ángeles se movieron, sino también la madera. Cada uno de los objetos fue estremecido desde lo más profundo como resultado de la santidad de Dios. Llámelo "sorpresa y conmoción". "No pudieron ni escuchar ni hablar, pero tuvieron el sentido común de ser movidos por la presencia de Dios".[36]

Es más, la visión del profeta movió a Isaías mismo. Él había visto a Dios como nunca antes. Aquel que estaba en el trono no es simplemente un Dios de amor, ¡sino que es "Santo, santo, santo"! La declaración de Isaías se convierte en un clamor por misericordia, "¡Ay de mí! que soy muerto… siendo hombre inmundo de labios" (6:5).[37] Se está maldiciendo a sí mismo, descontrolándose. Tiene una consciencia de Dios. Sproul explica:

> Lo que se conmovió más en ese edificio fue el cuerpo de Isaías… Vio la santidad de Dios. Por primera vez en su vida Isaías comprendió realmente quién era Dios. Y en ese mismo instante, por primera vez comprendió en realidad quién era Isaías… Isaías estaba arrastrándose por el suelo. Cada fibra nerviosa de su cuerpo estaba temblando. Estaba buscando un lugar donde esconderse, orando que de alguna forma la tierra pudiera cubrirlo, o que el techo del templo cayera sobre él, cualquier cosa que lo sacara de debajo de la santa mirada de Dios. Pero no había dónde esconderse. Estaba desnudo y solo delante de Dios. No había una Eva que lo consolara, ni hojas de higueras que

36. Sproul, *The Holiness of God*, 33.
37. La *King James Version* (KJV) dice: "¡porque estoy deshecho!".

lo ocultaran. Estaba en angustia moral pura, del tipo que arranca el corazón del hombre y despedaza su alma. Culpa, culpa, culpa. Culpa implacable gritaba desde cada uno de sus poros.

El Dios santo también es un Dios de gracia. Se negó a que su siervo continuara boca abajo sin consuelo. De inmediato tomó medidas para limpiar al hombre y restaurar su alma. Le ordenó a uno de los serafines que entrara en acción.[38]

LA MISERICORDIA DE DIOS

Isaías, en humildad y arrepentimiento, clamó a Dios por misericordia. Fue una rendición incondicional de su voluntad, un grito de desesperación, y Dios respondió en amorosa santidad.[39] Isaías continúa: "Y voló hacia mí uno de los serafines, teniendo en su mano un carbón encendido, tomado del altar con unas tenazas; y tocando con él sobre mi boca, dijo: He aquí que esto tocó tus labios, y es quitada tu culpa, y limpio tu pecado" (6:6-7).

Dios, en su amorosa santidad, gentilmente abrió los ojos de este hombre. El "hijo de Amoz" (1:1) conocido como Isaías fue persuadido por la gloria de Dios. Porque tenía una consciencia de Dios que lo guio al conocimiento de sí mismo. Isaías recibió gracia salvadora. El profeta fue tanto perdonado como limpiado. Este hombre de pecado se convirtió en hijo de Dios. El que había declarado tener labios inmundos había sido promovido a profeta. La dirección de su vida cambió porque su comprensión de Dios cambió. Tal como él estuvo impresionado por su Dios, deberíamos estarlo nosotros.

38. Sproul, *The Holiness of God*, 33, 37-38.

39. Cuando una persona clama a Dios por misericordia, Él responderá. Las últimas palabras del rey David a su hijo Salomón afirman esto: "Si tú le buscares, lo hallarás; mas si lo dejares, él te desechará para siempre" (1 Cr. 28:9).

El punto aquí es que la consciencia de Dios demuestra el amor de Dios.[40] Esta salvación por un Dios amoroso rescata a una persona de la ira de un Dios santo. Recuerde, tal como Isaías, que hemos pecado y estamos separados del glorioso estándar de Dios.[41] Y tal como el serafín, somos incapaces de contemplarlo.[42]

El cielo no puede y no será lleno de aquellos que rechazan a Dios, se oponen a Cristo, y permanecen en sus pecados.[43]

Estando de pie frente a una pequeña congregación en Enfield, Connecticut, el 8 de julio de 1741, Jonathan Edwards se refirió a este mismo asunto. Su sermón, "Pecadores en las manos de un Dios airado" es uno de los mensajes más famosos jamás predicados en los Estados Unidos. A la mitad de su mensaje, Edwards subrayó:

> El Dios que te mantiene sobre el abismo del infierno, muy parecido a como uno sujeta una araña o un insecto repugnante sobre el fuego, te aborrece y está enardecido; su ira contra ti arde como fuego; te considera indigno de otra cosa que no sea ser echado en el fuego, sus ojos son tan puros que no aguantan mirarte, eres diez veces más abominable a sus ojos que la peor serpiente venenosa es a los nuestros. Tú lo has ofendido infinitamente más que cualquier rebelde obstinado lo haya hecho contra su gobierno, y sin embargo no es otra cosa que su mano lo que te detiene de caer en el fuego en cualquier momento. Es solo por eso y ninguna otra cosa que no te fuiste al infierno anoche, que pudiste despertar una vez más en este mundo después de

---

40. "Mas Dios muestra su amor para con nosotros, en que siendo aún pecadores, Cristo murió por nosotros" (Ro. 5:8).

41. "Por cuanto todos pecaron, y están destituidos de la gloria de Dios" (Ro. 3:23).

42. "el único... que habita en luz inaccesible" (1 Tim. 6:16).

43. Universalismo, la noción de que todos serán salvos de la ira de un Dios santo, y aniquilacionismo, la de que a aquellos que están destinados al cielo, Dios se los lleva al cielo y al resto los elimina de su existencia, y las dos son visiones erróneas. No hay apoyo bíblico para ninguna de las dos.

> haber cerrado tus ojos para dormir, y no hay ninguna otra razón sino la mano de Dios, por la cual no has caído en el infierno desde que te levantaste esta mañana. No hay otra razón, fuera de su misericordia, que mientras lees este escrito, en este mismo momento, no caes en el infierno.[44]

El sermón de Edwards fue tan poderosamente recibido que la gente comenzó a gritar: "¿Qué debo hacer para ser salvo?". Fue como si la gente en las bancas temblara por la misma presencia de Dios. En un momento, se respiraba tal angustia y llanto, que el predicador pidió silencio con la finalidad de poder ser escuchado por todos en la iglesia.[45] Nuevamente, su consciencia de Dios y de su amorosa santidad les había llevado a un conocimiento de sí mismos y de su propio pecado y su necesidad de un Salvador.

Dicho sencillamente, la semántica no bastará para resumir amor salvador de Dios. Este tipo de afecto está reservado para aquellos que se arrepienten y ponen su fe únicamente en Cristo para el perdón de sus pecados. Él es amor, sí. Pero también es santo, santo, santo.

RESUMEN

- **La media verdad:** Dios es amor. Esta es una frase que ha sido esterilizada y sentimentalizada con el tiempo para insinuar que un Dios amoroso nunca podría ser un Dios que juzgue, que el Dios del Nuevo Testamento es incompatible con el del Antiguo. Después de todo, ¿por qué una persona no debería vivir como desee, libre de culpa y vergüenza?

---

44. Jonathan Edwards, *Sinners in the Hands of an Angry God* (Phillipsburg: P&R Publishing, 1992), 22-23.

45. Ibid, 4. Esta observación es hecha por John D. Currid en su prefacio a la edición impresa del sermón por P&R Publishing.

- **La verdad completa:** Dios es amor, *y él es santo, santo, santo.* La semántica no tiene influencia en las Escrituras. La cultura no puede cambiar el significado de las frases bíblicas o en los estándares morales implicados. El amor de Dios, como se ve a lo largo de las páginas de las Escrituras, se define como ambas: gracia común y gracia salvadora. Su *gracia común* es un amor que toca a cada hombre, mujer y niño con *intelecto* e *innovación*. La *gracia salvadora* de Dios está arraigada en una *santidad amorosa* que dio como resultado el dar a su Hijo, Jesucristo para rescatarnos y redimirnos.

- **El significado completo:** La visión del profeta Isaías durante el gobierno de un rey terrenal nos provee de una visión sin filtro del Rey Definitivo. Desde la metanarrativa del pasaje, la majestad del Rey, y la composición de los ángeles, hasta su mensaje, lo que se movió, y la misericordia de Dios, Isaías comienza a comprender a su Creador y a sí mismo como nunca antes. Dios es santo, santo, santo, y él [Isaías] no lo es. Este es un momento de *consciencia de Dios* que dirigirá definitivamente al *autoconocimiento*.

4

MEDIA VERDAD #4:

JESÚS ES EN REALIDAD UN HOMBRE

Concerniente a Cristo

Son las 2 a.m. y usted se encuentra totalmente despierto. Por la razón que sea está totalmente alerta. Quizá escuchó un sonido extraño, o su vejiga le ha estado suplicando que vaya al baño. Todo lo demás en la casa está fuera de combate, incluyendo el perro. Pero usted necesita levantarse, lo cual incluye *moverse*. Moverse de la colección de almohadas, sábanas y cobijas que han contribuido a su confort. Movimiento que asegurará el fin de su sueño reparador. Este es un movimiento obligatorio, un movimiento que debe efectuarse, pero únicamente después de quince minutos de conflicto interno. "Puede esperar. No, en serio necesito levantarme. Solo unos minutitos más. ¡No, tengo que levantarme ya!".

Tan pronto como sus pies tocan el suelo frío, comienza la travesía. "¿Dónde dejé mis pantuflas?". O está usted demasiado exhausto o simplemente tiene flojera de buscarlas. De modo que, un pie descalzo sigue al otro. Está cerca de un interruptor de luz —al menos lo cree, tanteando arriba y abajo en la pared como si nunca antes hubiera estado en ese extraño y oscuro lugar— ¡cuando aquello sucede! De alguna manera, se las arregló para pisar con todo su peso encima de algo puntiagudo de plástico. La realidad de este dolor corre desde el pie hasta la boca, como un volcán en erupción. Sin ninguna clase de advertencia, exclama: "¡#$@&%*!".

Hum… ¿qué es lo que acaba de gritar? No, ¿en serio? ¿Qué fueron esas palabras obscenas? ¿Algo mal dirigido y lleno de combustible? Una forma de aprovechar una lesión o un agravio es añadir lo que llamamos "maldiciones" o "palabrotas". Proverbios 12:16 sabiamente registra que con ello "el necio al punto da a conocer su ira". ¿Fue una maldición? Más importante aún, ¿usó el nombre de Jesucristo?

El aspecto más impactante de esto no radica en el intento que uno hace por ser obsceno, sino más bien en su origen. Como puede ver, las maldiciones vienen directo del corazón. Es un trabajo interno. Si usted quiere saber qué es lo que hay verdaderamente en su corazón, escuche lo que sale de su boca cuando inesperadamente pisa algo en medio de la noche, algo como el campo minado de LEGO de su hijo.[1]

Yo estoy tanto fascinado como estupefacto por cómo mucha gente emplea el nombre de Jesucristo como punto de exclamación para su irritación. Incontables usos —en el hogar, en el lugar de trabajo, en el campo de juego, a lo largo de muchas de nuestras películas de superhéroes[2]— testifican a una sociedad que no lo ve a Él como una parte de la divinidad eterna (p. ej. la Trinidad, que es el Padre, el Hijo y el Espíritu Santo). No hay respeto ni reverencia, ni comprensión de que

---

1. Jesús habló a los fariseos y escribas acerca de esta iniquidad interior: "El hombre bueno, del buen tesoro de su corazón saca lo bueno; y el hombre malo, del mal tesoro de su corazón saca lo malo; porque de la abundancia del corazón habla la boca" (Lucas 6:45).

2. Diez ejemplos en *Captain America: Civil War* solamente. https://christiananswers.et/spotlight/movies/2016/captain america2016.html

el nombre que usan irrespetuosamente es el más respetable de todos. Este Jesús será su juez.[3]

Hoy, la mayoría de la gente no discutiría que Jesús vivió totalmente como hombre.[4] Es un concepto que están dispuestos a conceder. Una cuesta por la que no vale la pena morir. ¿Pero declarar que Jesús es Dios? Usan su nombre como si fuera inservible. No podría importarles menos. Por eso es que se halla en el índice de los improperios, sentado en la cumbre de sus palabras soeces, y empleado como el epítome de todas sus palabrotas.

El Dr. Phillip Graham Ryken en su libro *Written in stone: The Ten Commandments and today's moral crisis* [Escrito en piedra: Los Diez Mandamientos y la crisis moral actual], cuenta la historia de un cristiano que había confrontado a dos hombres en un avión por quebrantar el tercer mandamiento, estaban usando el nombre de Dios en vano:

Hace algunos años, después de un largo itinerario de conferencias en el Medio Oeste, abordé un vuelo nocturno para regresar a casa. Estaba cansado y esperando descansar. Sentados detrás de mí en el avión estaban dos vendedores cuya conversación estaba sazonada con obscenidades. Finalmente me colmaron el plato cuando echaron el

---

3. En Filipenses 2:9-11 leemos que Dios el Padre le ha exaltado "hasta lo sumo, y le dio un nombre que es sobre todo nombre, para que en el nombre de Jesús se doble toda rodilla de los que están en los cielos, y en la tierra, y debajo de la tierra; y toda lengua confiese que Jesucristo es el Señor, para gloria de Dios Padre". También en el Evangelio de Juan: "Porque el Padre a nadie juzga, sino que todo el juicio dio al Hijo" (5:22).

4. Esto no fue siempre el caso. Tal desafío ocurrió en el siglo V cuando los docetistas (griegos helenistas calificados por la palabra δοκέω, "aparecer") discutían que Jesús únicamente aparentó ser humano y morir. Su punto de vista era que Él era completamente divino, y que por lo tanto no tuvo naturaleza humana. "Esta no es una distinción prolija y ordenada, sin embargo. Por ejemplo, el arrianismo —influenciado por la filosofía griega— también fue una negación de la total humanidad de Cristo". Michael Horton, *The Christian Faith: A Systematic Theology for Pilgrims on the Way* (Grand Rapids: Zondervan, 2011), 471.

nombre del Señor por la alcantarilla. Me levanté de mi asiento y me di vuelta, de manera que estaba mirándolos desde mi posición elevada. Luego pregunté: "¿Alguno de ustedes está en el ministerio?". El que estaba sentado junto al pasillo levantó las cejas con incredulidad y dijo: "¿Qué rayos... te hizo pensar eso?". "Bueno, yo estoy en el ministerio", dije con una sonrisa, "y estoy sorprendido de sus dotes de comunicación. Dijeron: Dios, maldición, infierno y Jesucristo en una sola oración. ¡Yo ni siquiera puedo poner todo eso en un solo sermón!". Ambos se sonrojaron y no volví a escuchar otra palabra de ellos por el resto del vuelo.[5]

¡Bien jugado! Ese hombre fue creativo en su confrontación. Su objetivo era llegar al corazón de su problema, o mejor aún, abrirles los ojos de su corazón. Creo que es seguro concluir que si esos dos vendedores hubieran visto a Jesucristo con cualquier veneración, entonces su nombre hubiera sido tratado como algo sagrado y no secular, santo y no común.

Buda Gautama, Abú al-Qásim Muhámmad, y Krisna Vasudeva. Aunque ninguno de ellos es Dios, sabemos que nunca los usan como palabrotas, y cualquiera que lo hiciera terminaría con una acusación de intolerancia, o incluso una denuncia por "discurso de odio".[6] Únicamente el nombre de Jesucristo es difamado de esta manera, ninguno otro.[7]

---

5. Philip Graham Ryken. *Written in stone: The Ten Commandments and today's moral crisis* (Phillipsburg: P&R Publishing, 2003), 95. El tercer mandamiento se halla en Éxodo 20:7 y dice: "No tomarás el nombre de Jehová tu Dios en vano; porque no dará por inocente Jehová al que tomare su nombre en vano".

6. "Discurso de odio" se define en *Dictionary.com* como "discurso que ataca, amenaza o insulta a una persona o grupo con base en su origen nacional, etnicidad, color, religión, género, identidad de género, orientación sexual o discapacidad". http://www.dictionary.com/browse/hate-speech.

7. Siguiendo esta línea de pensamiento, en la Edad Media "se creía que ciertos juramentos en vano realmente destrozaban el cuerpo ascendido de Cristo, mientras Él estaba sentado junto a su Padre en los cielos". http://newsfeed.time.com/2013/04/10/nine-things-you-probably-didnt-know-about-swear-words/

En un estrafalario arrebato el nombre de Jesucristo es denigrado de una persona santa a una arrogante obscenidad, del exaltado Hijo de Dios a una exclamación ofensiva del hombre. Para decirlo claramente: Jesucristo llevó una maldición por nosotros y se convirtió en una palabra de maldición para otros.

LA MEDIA VERDAD

Jesús es realmente un hombre

Cuando una persona toma el nombre de Jesús en vano, está, de hecho, declarando una media verdad: que Jesucristo es realmente un hombre de la historia y nada más, un mero mortal que estuvo vinculado a un lugar particular, criado en la pequeña aldea galilea de Nazaret a principios del primer siglo.

Es correcto decir que Jesús vivó realmente como hombre. El Jesús de Nazaret histórico existió.

No hay erudito legítimo (cristiano o no cristiano) que pueda negar competentemente su humanidad. Uno de los relatos extrabíblicos más confiables (es decir, fuera de las Escrituras) viene de Cornelio Tácito. Fue un senador romano e historiador del siglo primero que veía a los cristianos como seguidores de "la perniciosa superstición" y citó en uno de sus escritos que "Christus, el fundador del nombre, fue condenado a muerte por Poncio Pilato, procurador de Judea en el reinado de Tiberio".[8]

Otros extraordinarios ejemplos extrabíblicos de este período incluyen el de Gayo Suetonio Tranquilo, un secretario del emperador de Roma (117-138 d. C.); Tito Flavio Josefo, un historiador judío (37-100 d. C.); y Plinio el Joven, el gobernador romano de Bitinia, quien

8. Escrito por Tácito en 115 d. C., "Anales" 15:44, en Henry Bettenson, ed., *Documents of the Christian Church* (New York: Oxford University Press 2ª ed., 1963), 1-2.

escribió una carta al emperador Trajano de Roma buscando consejo sobre cómo manejar a los cristianos (111-112 d. C.).[9]

Jesús fue un ser humano que vivió y respiró. Es un hecho: él vivió, y él murió. Incluso aquellos que pasaron tiempo con Jesús nunca cuestionaron su humanidad. Si usted lo hubiera escuchado, visto y tocado, ¿lo haría?[10] Quiero decir, ¿cara a cara? ¿Frente a frente? No. Por supuesto que no. El hombre Jesús del pueblo de Nazaret resistió una inspección detallada. Fue real en todo sentido de la palabra. Y como lo exploraremos más adelante, Él, en su humanidad, vivió de forma muy semejante a cualquier otro ser humano. Pero eso es apenas la mitad de la historia. Es solo la mitad de la verdad, intentando limitar a Aquel que conocemos como Jesús al estatus de un inofensivo y dócil mortal.

Por favor continúe leyendo, porque la verdad completa está a punto de atraparlo por el cuello.

LA VERDAD COMPLETA

Jesús es realmente un hombre y realmente Dios

Sin importar cómo una persona se refiera a Jesucristo en su vida, ya sea con una maldición o como su Salvador, la realidad de su naturaleza dual permanece. Jesús es hombre y Dios al mismo tiempo.[11] Dos natu-

---

9. Un tesoro escondido de fuentes externas como estas puede hallarse en *Jesus and Christian Origins Outside the New Testament*, de F.F. Bruce (Grand Rapids: William B. Eerdmans Publishing Company, 1974).

10. "Lo que era desde el principio, lo que hemos *oído*, lo que hemos *visto* con nuestros ojos, lo que hemos contemplado, y *palparon* nuestras manos tocante al Verbo de vida" (1 Juan 1:1, énfasis del autor).

11. Muchos expresarán esta misma verdad con las palabras "plenamente hombre, plenamente Dios". Sin embargo, hay aquellos (incluido yo) que sienten que la palabra "plenamente" puede confundir algunas veces el asunto. Decir que Jesús fue plenamente hombre no deja lugar para la consideración de su divinidad, porque, bueno, Él es pleno. Como si usted declarara que Él es 100% humano y nada más

ralezas distintas, la humana y la divina, en una Persona completa. No parcialmente humana y parcialmente divina. No divinamente humana o humanamente divina. No una excluyendo a la otra, y ni siquiera dos personas. Puede sonar más sencillo, sí, pero no satisfará las afirmaciones de las Escrituras. Jesús es el Hijo del Hombre y el Hijo de Dios. Él es Jesús de Nazaret y Jesús el Cristo. La Palabra de Dios es clara respecto a esto, e implicar cualquier otra cosa menos que eso es una media verdad.

En la persona de Jesucristo ambas naturalezas retienen sus propios atributos. Su humanidad fue siempre humana y su deidad, siempre divina. Nació de su madre, María, como un bebé, pero ha existido por toda la eternidad como el Hijo de Dios el Padre. Jesús vivió, derramó su sangre y murió, pero vive para siempre. Jesús fue a la cruz como nuestro sustituto, pero Él nunca ha pecado.

Cada una de estas declaraciones trata con la dualidad de las naturalezas de Jesús: Él es verdaderamente un hombre y verdaderamente Dios. Nos dicen que hay mucho más en la historia de Jesús de Nazaret, mucho más, porque Él afirmó ser Dios y *es* Dios. Dos realidades, como la criatura y el Creador. Dos reconocimientos, como el Cordero sacrificial y el Señor supremo. Dos papeles, como el hombre y como el Mediador del hombre. ¡Las comparaciones son infinitas! Con la finalidad de comprender mejor las audaces afirmaciones de Jesús, miremos su humanidad y luego su deidad.

VERDADERAMENTE HOMBRE

Abrir su Biblia es el primer paso para una inevitable comprensión de quién es Él realmente. El Nuevo Testamento está repleto de referencias

---

porque ya no hay lugar para su Persona. Pero Jesús fue tanto plenamente humano como plenamente divino. Dos naturalezas completas en una Persona. Es preferible como lo describieron en Calcedonia en 451 d. C., "*vera homo, vera Deus*", o "verdaderamente hombre y verdaderamente Dios".

a la humanidad de Jesús. Primero, fue "nacido de mujer" (Gálatas 4:4). Jesús nació en forma humana de su madre, con un cuerpo como el nuestro (puede leer el relato de Mateo 1:18-23 completo abajo).[12] Su travesía por el canal de parto fue la misma que la nuestra. Jesús entró humildemente al mundo a través de un vientre.[13]

Segundo, también aprendemos que Jesús vivió como niño. Lucas 2:41-52 contiene la única referencia (en todos los relatos del Evangelio) de Jesús en su juventud. Sus padres lo habían llevado con ellos mientras viajaban a Jerusalén para la Fiesta de la Pascua, un festival anual para celebrar la liberación de Israel de Egipto por Dios (ver Éxodo 12:1-51). Mientras se dirigían a su hogar en Nazaret, Jesús se perdió y se quedó atrás. Después de mucho buscar, José y María hallaron a su hijo asombrosamente tres días después. ¿Se imagina? Pero esa no es la parte más interesante. Donde lo hallaron fue *enseñando* a los maestros de la ley en el templo: "Y todos los que le oían, se maravillaban de su inteligencia y de sus respuestas" (v. 47). El Dr. Bruce Ware, profesor of teología cristiana en el Seminario Teológico Bautista del Sur, abordó

12. Mateo 1:18-23, "El nacimiento de Jesucristo fue así: Estando desposada María su madre con José, antes que se juntasen, se halló que había concebido del Espíritu Santo. José su marido, como era justo, y no quería infamarla, quiso dejarla secretamente. Y pensando él en esto, he aquí un ángel del Señor le apareció en sueños y le dijo: José, hijo de David, no temas recibir a María tu mujer, porque lo que en ella es engendrado, del Espíritu Santo es. Y dará a luz un hijo, y llamarás su nombre JESÚS, porque él salvará a su pueblo de sus pecados. Todo esto aconteció para que se cumpliese lo dicho por el Señor por medio del profeta, cuando dijo: He aquí, una virgen concebirá y dará a luz un hijo, y llamarás su nombre Emanuel, que traducido es: Dios con nosotros. Y despertando José del sueño, hizo como el ángel del Señor le había mandado, y recibió a su mujer. Pero no la conoció hasta que dio a luz a su hijo primogénito; y le puso por nombre JESÚS."

13. "Y dio a luz a su hijo primogénito" (Lucas 2:7). Esta llegada milagrosa del Hijo de Dios a través de la virgen María es el comienzo de la vida terrenal de Cristo y de su ministerio. Se le conoce como su encarnación, cuando "aquel Verbo fue hecho carne, y habitó entre nosotros" (Juan 1:14). El nacimiento virginal fue una obra misteriosa del Espíritu Santo dentro del vientre de María, haciendo posible que la Persona de Jesús fuese totalmente hombre.

este "fascinante relato de Jesús" como un niño de doce años en su libro *The man Christ Jesus* [El hombre Cristo Jesús]. Ware escribe:

> Este extraordinario relato de la interacción de Jesús con los maestros de la ley en Jerusalén plantea una pregunta muy importante para nuestra comprensión de Jesús: ¿en qué consisten estas extraordinarias preguntas, respuestas y comprensión que Jesús evidenció en sus conversaciones con estos eruditos? Creo que muchos de nosotros en la tradición evangélica conservadora hubiéramos tenido lista una respuesta. Diríamos, instintivamente, que la razón por la que Jesús tuvo una comprensión tan notable de la ley fue que Él era Dios en carne humana. Después de todo, podríamos pensar, aquellos fariseos y maestros de la ley no comprendieron con quién estaban tratando. Si tan solo hubieron conocido la verdad, que ese niño de doce años era nada menos que el Dios-hombre encarnado, hubieran comprendido que su sabiduría vino de ser Dios. Por lo tanto, dado que él fue Dios en carne humana, razonamos, incluso como niño de doce años, Jesús era capaz de maravillar a los más grandes maestros de Israel.
>
> Creo que esta intuición evangélica, como podríamos llamarle, de que la sabiduría y comprensión de Jesús se explican apelando a su deidad, no es la respuesta que Lucas, el escritor del Evangelio, deseaba que viéramos. Considere Lucas 2:40 y 52, que funcionan como reposalibros alrededor del relato de la visita de Jesús a Jerusalén durante su infancia. Lucas 2:40 registra que "...el niño crecía y se fortalecía, y se llenaba de sabiduría; y la gracia de Dios era sobre él". Y Lucas 2:52 dice: "Y Jesús crecía en sabiduría y en estatura, y en gracia para con Dios y los hombres". Sorprendentemente, lo que ambos versículos indican es que la sabiduría de Jesús no es una actividad de su naturaleza divina sino es la expresión de su crecimiento como ser humano. Una buena razón para ver su sabiduría como su creciente sabiduría humana es que Lucas habla de que Jesús crecía en sabiduría mientras que se hacía más fuerte físicamente (creciendo "en sabiduría y en

estatura"). De modo que la sabiduría que Jesús tenía, evidentemente, era una sabiduría creciente que acompañaba o era paralela a su crecimiento físico.[14]

Ware concluye que el Jesús de doce años de edad tenía un compromiso ejemplar de comprender lo que las Escrituras enseñaban, señalando que, "como niño, Jesús aprendió, sin duda, a través de la instrucción de sus padres, y de la enseñanza de los rabinos de su pueblo, Nazaret, y a través de su propia lectura diligente de la Palabra de Dios. Fue por esos medios que creció e incrementó su sabiduría".[15]

Tercero, la Biblia nos informa que Jesús tuvo todos los rasgos del cuerpo humano. Se cansó: "Y estaba allí el pozo de Jacob. Entonces Jesús, cansado del camino, se sentó así junto al pozo. Era como la hora sexta" (Juan 4:6). Tuvo sed: "Jesús... dijo... Tengo sed" (Juan 19:28); y tuvo hambre: "Y después de haber ayunado cuarenta días y cuarenta noches, tuvo hambre" (Mateo 4:2). Vaya a cualquiera de los cuatro Evangelios y podrá leer de Jesús compartiendo muchas comidas con muchos otros.[16]

Cuarto, como Juan Calvino lo expresa: "Cristo fue puesto en nuestra carne y también en sus sentimientos o afectos".[17] A lo largo de su vida terrenal, Jesús demostró una variedad de emociones. Se sorprendió: "Al oír esto, Jesús se asombró"[18] (Mateo 8:10, NVI).

14. Bruce A. Ware. *The Man Christ Jesus: Theological reflections on the Humanity of Christ* (Wheaton: Crossway, 2013), 48-49.

15. Ibid, 49.

16. Algunos ejemplos hallados en el Evangelio de Lucas incluyen: un banquete en la casa de Leví (5:27-32), en la casa de Simón (7:36-50), la alimentación de los cinco mil (9:10-17), en dos ocasiones en la casa de un fariseo (11:37-52; 14:1-24), y la Última Cena (22:14-38).

17. Juan Calvino. *Calvin Commentaries Volume XXII, 500th Anniversary Edition, Hebrews* (Grand Rapids: Baker Books, 2009), 108.

18. Me gusta como la Nueva Versión Internacional (NVI) usa la palabra "asombró", como diciendo "se llenó de asombro".

Se entristeció: "Entonces Jesús les dijo: Mi alma está muy triste, hasta la muerte" (Mateo 26:38). Y derramó lágrimas: "…se estremeció en espíritu y se conmovió, y dijo: ¿Dónde le pusisteis? [a Lázaro] Le dijeron: Señor, ven y ve. Jesús lloró. Dijeron entonces los judíos: Mirad cómo le amaba" (Juan 11:33-36). Hebreos 5:7 añade: "Y Cristo, en los días de su carne, ofreciendo ruegos y súplicas con gran clamor y lágrimas…".

Quinto, expiró. No solo Jesús —verdaderamente como hombre— experimentó el nacimiento, la temprana infancia, y emociones, sino que con su humanidad hubo una muerte espantosa. Mientras colgaba de la cruz, Jesús murió físicamente. Las Escrituras nos informan que dejó de respirar: "Mas Jesús, dando una gran voz, expiró" (Marcos 15:37). Sí, su corazón humano había dejado de latir y su sangre humana dejó de fluir. Su cuerpo viviente ahora estaba muerto. Nuevamente, del Evangelio de Juan: "Vinieron, pues, los soldados, y quebraron las piernas al primero, y asimismo al otro que había sido crucificado con él. Mas cuando llegaron a Jesús, como le vieron ya muerto, no le quebraron las piernas" (Juan 19:32-33).[19]

Cada atributo y cada aspecto de su humanidad fueron semejantes a nosotros con una excepción: Jesús no pecó. Su vida entera estuvo marcada por la impecabilidad.[20] Tome como ejemplo Mateo 21:12, donde leemos: "Y entró Jesús en el templo de Dios, y echó fuera a todos los que vendían y compraban en el templo, y volcó las mesas de los cambistas, y las sillas de los que vendían palomas". Esta fue la segunda vez que hizo esto (ver Juan 2:13-16). ¿Estaba enojado?

---

19. John MacArthur señala para nosotros en su comentario sobre este pasaje: "Los soldados eran expertos en determinar la muerte; era parte de su trabajo… Su testimonio y el de su comandante (Marcos 15:44-45), es prueba irrefutable de que Jesús estaba realmente muerto". *The MacArthur New Testament Commentary*: Juan 12-21 (Chicago: Moody Publishers, 2008), 364.

20. "el cual no hizo pecado, ni se halló engaño en su boca" (1 Pe. 2:22). Jesús vivió como el hombre perfecto.

¡Indiscutiblemente! Pero fue una "ira justa", no un ataque de rabia. Nunca fue egoísta ni fue pecaminoso.

Rara vez nosotros somos afectados por esa clase de justicia en nuestros momentos de ira. Se nos dice "airaos, pero no pequéis" (Efesios 4:26). Sin embargo, la mayoría de nuestras experiencias con la ira *son* egoístas y pecaminosas. El Dr. David Powlison explica el contraste entre las dos clases en su libro *Good & Angry* [Bueno y Airado]:

> Su ira es divina en el grado en el que usted atesora la justicia y la equidad y está alerta de la traición y la falsedad. Su ira es diabólica en el grado en el que usted juegue a ser Dios y sea mezquino, desalmado, quejumbroso, discutidor, voluntarioso e injusto.[21]

Mientras considerábamos a este Jesús de Nazaret, la tarea de determinar si fue humano o no fue, fue fácil. Un caso fácil. Pan comido. Su humanidad se ha establecido firmemente. Su existencia es corroborada repetidamente por hombres del primer siglo tanto dentro como fuera del Nuevo Testamento.[22] Pero ¿qué hay de su deidad? Es tiempo de que examinemos la segunda mitad de esta verdad completa: que Jesucristo es verdaderamente Dios.

VERDADERAMENTE DIOS

Todos podemos entender cuán fácil es reconocer a Jesús de Nazaret, aceptar el argumento que se está planteando acerca de su humanidad.

---

21. David Powlison, *Good & Angry: Redeeming Anger, Irritation, Complaining, and Bitterness* (Greensboro: New Growth Press, 2016), 65-66.

22. Solo he arañado la superficie. Para mayor evidencia lea "El caso de Cristo", de Lee Strobel. Específicamente el capítulo 4, "La evidencia corroborativa", que responde a la pregunta: "¿Hay alguna evidencia creíble a favor de Jesús fuera de sus biografías?" (Miami, Editorial Vida, 2000), 85-105.

Permanecer del lado de su existencia no nos cuesta nada a usted ni a mí. Decir que Jesús existió en carne y hueso dentro de los confines del espacio y el tiempo en el planeta Tierra no es difícil ni desafiante. "Claro, puedo estar de acuerdo con eso", alguien podría decir. Pero ¿qué hay acerca de su deidad? Esa es ahora una cuestión totalmente diferente.

Se pone todo en riesgo, incluyendo nuestras palabras, nuestro corazón, ¡inclusive nuestras acciones! Si usted reconoce que Jesús es "el Cristo, el Hijo del Dios viviente" (Mateo 16:16), entonces su amor y su vida deben ser moldeadas por su amor y su vida de Cristo.

Además, no es posible considerar a Jesús como únicamente un buen hombre, o mejor aún, un buen maestro. Subraye este hecho: Jesús afirmó ser Dios. No puede eludir esto, no importa cuántos intentos se hagan para agregar elogios a su nombre. Declarar que Jesús fue solo otro "revolucionario religioso", o una persona que fue "íntegro y respetable" se aleja de la verdad completa. En realidad, es una completa mentira. Él no podía ser solamente un mentor espiritual de ningún tipo, porque eso no es lo que Él afirmó ser. Jesucristo afirmó ser Dios. Señor de todo, igual a Dios el Padre en naturaleza y esencia.

Hay únicamente tres elecciones que se pueden hacer cuando se trata de la deidad de Jesucristo. Ya sea un lunático, un mentiroso o el Señor. Usted notará que la categoría de Jesús como "buen maestro" ya fue eliminada de esta lista de posibilidades. Desafortunadamente, ya no es una opción viable debido a sus afirmaciones de deidad. Ignoramos la verdad completa al decir que simplemente fue un hombre bueno y moral. Repetidamente, la Biblia cita a Cristo diciendo lo contrario. Véalo por usted mismo tan solo en un profundo ejemplo de tal afirmación; se halla en Juan 10:30-33, en donde Jesús explícitamente dijo a las autoridades judías:

> "Yo y el Padre uno somos". Entonces los judíos volvieron a tomar piedras para apedrearle. Jesús les respondió: Muchas buenas obras os he

> mostrado de mi Padre; ¿por cuál de ellas me apedreáis? Le respondieron los judíos, diciendo: Por buena obra no te apedreamos, sino por la blasfemia; porque tú, siendo hombre, te haces Dios.[23]

¿Lunático, mentiroso o Señor? Nos quedamos sin otro lugar a dónde ir. Se acabó. Esas tres opciones fueron popularizadas como el "trilema de Lewis", un nombre dado al argumento de C.S. Lewis acerca de la deidad de Cristo hallado en su libro *Cristianismo… ¡y nada más!*. Miremos lo que escribió:

> Estar tratando aquí de evitar que alguien diga la mayor de las tonterías que a menudo se han dicho en cuanto a Él: "Estoy dispuesto a aceptar a Jesús como un gran maestro de moral, pero no acepto su afirmación de que era Dios"; esto es algo que no deberíamos decir. El hombre que sin ser más que hombre haya dicho la clase de cosas que Jesús dijo, no es un gran moralista. Bien es un lunático que está al mismo nivel del que dice que es un huevo escalfado o el diablo del infierno. Puedes hacer tu elección. O bien este hombre era, y es el Hijo de Dios; o era un loco o algo peor. Escarnécele como a un insensato, escúpelo y mátalo como a un demonio; o cae a sus pies y proclámalo como Señor y Dios. Pero no asumamos la actitud condescendiente de decir que fue un gran maestro de la humanidad. Él no nos proporciona campo para tal actitud. No fue eso lo que Él intentó. […]
>
> A mí me parece obvio que no fue ni un lunático ni un chiflado; por consiguiente, por extraño o terrible que el asunto nos parezca, hemos de aceptar el punto de vista de que Él era y es Dios. Dios

---

23. En el Evangelio de Juan, esta es la cuarta vez que los judíos han tratado de matar a Jesucristo (ver 5:16-18; 7:1; 8:59). Tristemente, sectas como los Testigos de Jehová y los mormones malinterpretan este texto para decir que Jesucristo solo estaba expresando acuerdo con Dios el Padre con respecto a sus planes, no deidad. El contexto sugiere claramente que su interpretación es absurda.

ha desembarcado en forma humana en este mundo ocupado por el enemigo.[24]

Lewis es certero aquí. Solo hay tres resultados. Porque algunos llamarán a Jesucristo *lunático*, otros afirmarán que es un *mentiroso*, y muchos otros lo adorarán como *Señor*.

Estas mismas tres opciones también estuvieron disponibles en los días de Jesús. El texto del Evangelio de Marcos, en el capítulo tres, confirma esto. Comenzando con el versículo 21, los miembros de la familia de Jesús, "su propio pueblo, estaba diciendo: 'Está fuera de sí'". En otras palabras, lo estaban llamando *lunático*. Lo vieron como un hombre que literalmente se había vuelto loco. Claramente, los propios hermanos de Jesús todavía no creían en Él (ver Juan 7:5). Pero esta visión defectuosa de su medio hermano mayor cambiaría finalmente, dado que ellos lo declararían Señor poco después de su resurrección (ver Hechos 1:14; 1 Co. 15:7).

---

24. C.S. Lewis, Cristianismo… ¡y nada más! (Miami: Editorial Caribe, 1977), 61-62. Aunque este libro es un clásico cristiano y un excelente recurso evangelístico, debo, por motivos de conciencia, notar que siempre he diferido de Lewis sustancialmente en algunas áreas clave de doctrinas. Por lo tanto, mientras que no me retracto del argumento arriba presentado, usted puede hallar una cantidad de esas deficiencias detalladas en la entrada de blog de Kevin DeYoung: "Cautions for Mere Christianity' (Precauciones para Mero cristianismo): https://www.thegospelcoalition.org/blogs/kevin-deyoung/cautionsfor-mere-christianity/, así como "Elephant in the Room: Evangelicals Continue to Value C.S. Lewis Despite Theological Differences" (Un elefante en la habitación: Los evengélicos continúan valorando a C. S. Lewis a pesar de las diferencias teológicas), del Southern Seminary: http://equip.sbts.edu/publications/towers/elephant-in-theroom-evangelicals-continue-to-value-c-s-lewis-despite-theologicaldifferences/. En el último artículo, John Piper sabiamente advierte que "Lewis no es un escritor al que debiéramos voltear para crecer en una comprensión bíblica cuidadosa de la doctrina cristiana. Casi no hay pasajes en las Escrituras acerca de los cuales yo voltearía hacia Lewis para conseguir iluminación exegética… Su valor no se halla en su exégesis bíblica. Lewis no es la clase de autor que proporcione sustancia para sermones pastorales". Piper entonces agrega que el valor de los escritos de Lewis se halla en "la defensa de la verdad". Yo concuerdo de todo corazón.

En el versículo 22, los enemigos de Jesús, la élite religiosa de Israel, "...los escribas... decían que tenía a Beelzebú",[25] y "que por el príncipe de los demonios echaba fuera los demonios". Los escribas y fariseos acusaban a Aquel que vino de Dios de ser un mentiroso, afirmando que en realidad provenía de aquel al que se llama "padre de mentira" (Juan 8:44).

Y en el versículo 29, se hace una advertencia a aquellos que rechacen rotundamente el testimonio del Espíritu Santo (la tercera persona de la Trinidad), aseverando que "cualquiera que blasfeme contra el Espíritu Santo". Eso significa rehusarse a aceptar el propio testimonio de Dios de que Jesucristo es el *Señor*. ¿Qué tan seria es esta advertencia? Eternamente seria. Puede ser que usted recuerde del primer capítulo de este libro que habíamos determinado que fue el Espíritu Santo mismo quien inspiró la redacción de la Biblia —incluyendo los cuatro relatos del Evangelio— que "se han escrito para que creáis que Jesús es el Cristo, el Hijo de Dios, y para que creyendo, tengáis vida en su nombre (Juan 20:31).

Se estableció la naturaleza humana de Dios al examinar su nacimiento, su infancia, una variedad de emociones suyas, y su muerte en la cruz, tal como se detalla en las páginas de las Escrituras. Fue fácil concluir que Jesús de Nazaret fue un verdadero hombre.

De la misma manera, la Biblia está llena de testimonios de la naturaleza divina de Jesús. Sus perfecciones se nos revelan a lo largo del Nuevo Testamento (especialmente en los Evangelios), enseñándonos

---

25. "Belzebú" en el Antiguo Testamento se refería al "Señor de las moscas", un dios filisteo que los israelitas llamaban Baal-zebub dios de Ecrón" (ver 2 Reyes 1:2). John MacArthur escribe en su comentario que "Para el primer siglo, Beelzebub (o Belzebú) se ha convertido en el nombre de Satanás, que es lo que los fariseos pretendían decir cuando asociaron ese nombre con Jesús (cf. Mateo 10:25; Lucas 11:15). El poder de Jesús solo podía ser explicado como procedente de una de dos fuentes: Dios o Satanás... los líderes lo llamaron mentiroso, cuyo poder pertenecía al príncipe de las tinieblas". *The MacArthur New Testament Commentary: Mark 1-8* (Chicago: Moody Publishers, 2015), 181.

que Jesucristo es ciertamente el Hijo de Dios. Indudablemente, sus atributos son los mismos que los del Padre. Miremos solo tres ejemplos antes de pasar al significado completo (de esta verdad completa) de que Jesús es verdaderamente hombre y verdaderamente Dios.

Primero, Jesús lo sabía todo, era omnisciente.[26] Como Dios, tenía "conocimiento directo de todo en la creación".[27] Si tiene una Biblia, ábrala en Juan 4. Aquí, Jesús se halla sentado junto a un pozo cerca de la hora del almuerzo (v.6, "Era como la hora sexta"). Estaba "cansado del camino", algo que no debería sorprendernos (la narrativa comienza a darnos un panorama de su humanidad). El sol está ardiente y cae verticalmente, y Jesús está cansado y sediento por el largo viaje. Entonces llega una mujer de Samaria a sacar agua del pozo al mediodía en vez de hacerlo durante la mañana. Probablemente era una marginada, evitando intencionalmente a la multitud de las mañanas. Aun así, Jesús habló con ella. Fue Jesús el judío, quien le dijo a la pecadora samaritana todo lo que ella había hecho. ¿Pero cómo podía saberlo? A la mujer, quien estaba visiblemente sorprendida por su omnisciencia, la encontramos más tarde en el versículo 29 apremiando a otros a ir y ver "a un hombre que me ha dicho todo cuanto he hecho. ¿No será éste el Cristo?". Sí, Él es el Cristo, el Hijo de Dios. Jesús lo sabía todo. Nada estaba oculto de su mente divina.

Segundo, Jesús está en todo lugar. Otra palabra para eso es omnipresente. Está en todos lados como Dios. Incluso el nombre que le fue dado habla de este atributo. "He aquí, una virgen concebirá y dará a luz un hijo, Y llamarás su nombre Emanuel, que traducido es: Dios con nosotros" (Mateo 1:23). Notablemente, el nacimiento humano de Cristo establecería la presencia divina de Dios con su pueblo.

La promesa de la omnipresencia no solo se halla aquí al inicio de Mateo, sino que también se ve a la mitad y al final de este Evangelio.

26. El prefijo "omni" en todas estas palabras es el latín para decir "todo".

27. Grenz, Guretzki, y Nordling, *Pocket Dictionary of Theological Terms*, 86.

A la mitad: Mateo cita a Jesús en el 18:20: "Porque donde están dos o tres congregados en mi nombre, allí estoy yo en medio de ellos". Está prometiendo (en el contexto de la disciplina de la iglesia) apoyar y sostener a los líderes fieles como su Dios. Estos hombres pueden encontrar consuelo en el hecho de que mientras confrontan a una persona que está en pecado, Él está justo ahí con ellos.[28]

Al final: un refrescante recordatorio de su omnipresencia se halla en estas palabras finales a su cuerpo de creyentes en lo que se conoce como la Gran Comisión: "...y he aquí yo estoy con vosotros todos los días, hasta el fin del mundo" (28:20). No hay nada en todo el universo creado que se sitúa fuera del límite de su cuidado.[29] Todas las cosas están presentes para Jesús porque Él es Dios. Es digno de repetirlo: Dios está afirmando ser Dios.

Ha hecho una declaración de divinidad a sus discípulos. Nunca estará ausente o fuera de nuestro alcance.

Finalmente, Jesús es todopoderoso, u omnipotente. Es tan fuerte como Dios, porque Él es Dios. No hay otro como Él. Nadie es llamado "todopoderoso" en la Biblia excepto Dios. Él es *El Shaddai*, un nombre hebreo usado frecuentemente para Dios en el Antiguo Testamento, que significa "Dios Todopoderoso".[30] Él es "Dios Todopoderoso" porque su única restricción es autoimpuesta. Y Jesús, como Dios, solo hará lo que es coherente con su carácter justo.

---

28. Grant Osborne en su comentario a este (vv. 15-20) añade: "Mientras hacen su decisión, sin duda mientras oran, Jesús quiere que comprendan que Él está con ellos... Jesús virtualmente está declarando su divinidad, porque tal afirmación es posible únicamente para Dios mismo". *Exegetical Commentary on the New Testament: Matthew* (Grand Rapids: Zondervan, 2010), 688.

29. Grenz, Guretzki, y Nordling. *Pocket Dictionary of Theological Terms*, 86. Ellos agregan bajo esta definición de omnipresencia: "Quizá [este término] más correctamente sugiere que todas las cosas están presentes para Dios".

30. Un ejemplo de esto se halla en Éxodo 15:6, "Tu diestra, oh Jehová [El Shaddai], ha sido magnificada en poder; tu diestra, oh Jehová [El Shaddai], ha quebrantado al enemigo".

En Mateo 8, esto se demuestra por su poder sobre lo natural (vv. 23-27) y lo sobrenatural (vv. 28-34).

Mientras estaba en un barco con los discípulos: "Y he aquí que se levantó en el mar una tempestad tan grande que las olas cubrían la barca; pero él dormía. Y vinieron sus discípulos y le despertaron, diciendo: ¡Señor, sálvanos, que perecemos!" (vv.24-25). Inmediatamente después, el Hijo de Dios "reprendió a los vientos y al mar; y se hizo grande bonanza. Y los hombres se maravillaron, diciendo: ¿Qué hombre es éste, que aun los vientos y el mar le obedecen?" (vv. 26-27). Estos hombres habían atestiguado de primera mano la respuesta a su pregunta retórica. Como el texto declaró, estaban asombrados, pasmados, e impresionados. ¿Por qué? Él es omnipotente, Señor sobre todo lo que es natural.

Ahora vamos de los hombres mortales a los ángeles caídos, de estar asombrados a estar alarmados. Este pasaje nos dice que un conjunto de demonios había poseído a dos hombres.[31] Al ser confrontados por Jesús, "...clamaron diciendo: ¿Qué tienes con nosotros, Jesús, Hijo de Dios? [Nota: ¡Ellos reconocieron a Jesús como Dios!] ¿Has venido acá para atormentarnos antes de tiempo? [...] Y los demonios le rogaron diciendo: Si nos echas fuera, permítenos ir a aquel hato de cerdos (vv. 29; 31). No pase por alto esto: el Hijo de Dios pronunció una sola palabra: "Id" (v. 32).[32] No tuvieron elección sino someterse y rendirse. ¿Por qué? Él es omnipotente; Señor sobre todo lo que es sobrenatural.[33]

---

31. Marcos 5:9 en realidad nos da sus nombres (o título) que es "Legión". Esa era una designación militar que representaba hasta a seis mil soldados.

32. Marcos 5:13 acertadamente dice: "Y luego Jesús les dio permiso". Jesús les permitió pasar; ratificó su reubicación. Todo debido a su omnipotencia. La siguiente frase es útil y has ido atribuida por mucho tiempo a Martín Lutero: Satanás está amarrado con una correa, cuyo largo lo determina Dios".

33. La teología (el estudio de Dios) de los demonios es correcta; ellos conocen la verdad acerca de Jesús. Santiago también pone esto en claro en su epístola: "Tú crees que Dios es uno; bien haces. También los demonios creen, y tiemblan" (2:19).

Nuevamente, solo examinamos (aunque brevemente) tres de los atributos de Dios: su omnisciencia, omnipresencia y omnipotencia. Pero hay más. Muchos más. Porque cada atributo que Dios tiene, Jesús lo tiene. Todo lo esencial de ser Dios, Jesús lo posee. Jesucristo es verdaderamente Dios.

EL SIGNIFICADO COMPLETO

Comprendemos que Jesús sea una persona con dos naturalezas —una naturaleza humana que se ha evidenciado en cómo vivió y murió, y una naturaleza divina que se ha ejemplificado por el uso de sus atributos durante su tiempo en la tierra. Jesucristo es verdaderamente hombre y verdaderamente Dios. Esto es de importancia crítica para nosotros, porque no solamente vamos a comprender a la persona de Cristo, sino su obra en la cruz.

Por lo tanto, la respuesta de estos demonios a Jesús, "porque somos muchos" ¡es muy precisa!

Como puede ver, Jesús tenía que ser humano para convertirse en el sustituto perfecto para la humanidad. De lo contrario, no hubiera podido ser el Salvador de los humanos. Hebreos 2:14 es útil aquí: "Así que, por cuanto los hijos participaron de carne y sangre, él también participó de lo mismo, para destruir por medio de la muerte al que tenía el imperio de la muerte, esto es, al diablo". Tenía que tomar nuestra naturaleza sobre sí para ser nuestro sustituto. Porque somos humanos, Jesús se hizo humano. Y al hacerlo, pudo morir.[34]

En el tiempo del Antiguo Testamento, Dios había instruido a su pueblo, los israelitas, para realizar sacrificios de animales. Requerían hacerlos regularmente, y con instrucciones específicas acerca de la clase de animal y de los procesos involucrados. No obstante, estos

34. Puede encontrarse una maravillosa exposición de este pasaje por John Piper en un video de nueve minutos aquí: https://www.desiringgod.org/labs/why-christmas

sacrificios no pagaron por sus pecados contra Dios. Hebreos 10:4 pone esto en claro, que "porque la sangre de los toros y de los machos cabríos no puede quitar los pecados". ¿Entonces por qué los requería Dios? ¿Cómo podía Dios recibir este tipo de pago y perdonar a los creyentes del Antiguo Testamento de sus pecados cuando claramente declara que ello no quitará su deuda?

El Dr. Ware nos es nuevamente esclarecedor. Escribe en su libro *The man Christ Jesus* (El hombre Cristo Jesús):

> La respuesta es increíble, y nos lleva a Jesús, el único e irrepetible sacrifico que realmente puede expiar nuestro pecado. La eficacia (efectividad) de esos sacrificios animales del Antiguo Testamento descansaba no en ellos, sino por completo en lo que ellos señalaban. Eran "tipos" del mayor sacrificio que habría de venir. Señalaban hacia la venida planeada, incuestionable y a propósito de "el Cordero de Dios" (Juan 1:29), a quien el Padre ofrecería por el pueblo, el Cordero divino-humano que podía en realidad remover el pecado de todos aquellos que creyesen las promesas de Dios.[35]

Para pensar, los sacrificios en la antigüedad eran significativos, conectados al plan divino de Dios el Padre. Él ofreció completamente a su Hijo como el único sacrificio que realmente podía expiar el pecado". Ware continúa con esta analogía:

> Considere lo que sucede cuando usted compra algo con una tarjeta de crédito. Suponga que está en un centro comercial y encuentra unos zapatos que le gustan. Puede llevar esos zapatos a la caja registradora, cargarlos a su tarjeta de crédito, y salir de esa tienda con sus zapatos nuevos, ¡sin haber pagado absolutamente nada por ellos! ¿Por qué eso no es robo? ¿Por qué no lo detiene en la puerta el guardia de

35. Bruce A. Ware. *The Man Christ Jesus*, 119-20.

seguridad y lo acusa de robar? Usted es libre para irse con los zapatos porque ha entrado en una transacción legal por medio de la cual está obligado a un pago futuro por el cual usted (y otros) pueden ahora considerar esos zapatos como suyos. Incluso aunque usted no haya pagado un centavo por ellos, se ha atado legalmente a sí mismo a un acuerdo (eso es lo que ha hecho, por cierto, cuando firma el recibo de la tarjeta de crédito) por medio del cual esos zapatos serán pagados por usted en alguna fecha futura convenida. Así que, mientras que esos zapatos son legalmente suyos, solo están pagados cuando el estado de cuenta de la tarjeta de crédito llega y se hace un pago desde su cuenta de banco.

De forma similar, Dios perdonó el pecado de todos los santos del Antiguo Testamento como si fuera a crédito. Él diseñó un sistema de sacrificios por el cual cada uno de esos sacrificios animales señalaría su obligación, en algún punto en el futuro, de asegurarse de que el pago por esos pecados pudiera ser hecho segura y verdaderamente... Aparte de ese sistema de pago futuro, aquellos sacrificios de animales eran totalmente inútiles.[36]

¿Por qué es de tal importancia para nosotros comprender hoy a la persona y la obra de Cristo? Porque Dios proveyó un sacrificio humano puro. Fue Jesús quien compartió nuestra "carne y sangre" (Hebreos 2:14) y lo hizo verdaderamente como el hombre perfecto. Ware concluye: "¡El estado de cuenta de la tarjeta de crédito ha llegado, se ha escrito el cheque y el pago ha sido aceptado! Eso es lo que Dios ha hecho al ofrecer a su Hijo, el único que podía hacer el pago total por nuestros pecados".[37]

Pero esa es solamente la mitad del significado completo. Debemos recordar que Jesús es verdaderamente hombre y *verdaderamente* Dios. Su naturaleza divina también es necesaria si va a ser nuestro Mediador.

---

36. Ibid, 121-22.

37. Ibid, 123.

Un mediador es "una persona que intenta hacer que dos personas involucradas en un conflicto lleguen a un acuerdo; un intermediario".[38] Y sin los esfuerzos de este Mediador, el conflicto que nosotros (la humanidad) tenemos con Dios permanece irreconciliable.

¿Cómo sucedió esto? El hombre se separó de Dios por su propio pecado.[39] Esto originalmente ocurrió en el jardín del Edén con Adán y Eva,[40] y ahora lo repite cada hombre, mujer y niño, múltiples veces cada día. No necesitamos enseñar a un niño a pecar. Vienen totalmente equipados con esta función, como todos nosotros.

¿Qué es el pecado? El pecado es romper la ley de Dios. (Rompemos nuestras propias leyes, por no mencionar la de Dios). Y la sanción por hacerlo, por violar sus mandamientos, es la muerte.[41] Noticia de última hora: Nuestra muerte no es el resultado de causas naturales, es la maldición de Dios sobre la humanidad debido a nuestra rebelión contra Él y su voluntad. Esta maldición, el castigo del hombre, es tanto física como eterna.[42]

---

38. *English Oxford Living Dictionary*. https://en.oxforddictionaries.com/definition/mediator

39. Isaías 59:2 dice: "pero vuestras iniquidades han hecho división entre vosotros y vuestro Dios, y vuestros pecados han hecho ocultar de vosotros su rostro para no oír".

40. Génesis 3:6 dice: "Y vio la mujer que el árbol era bueno para comer, y que era agradable a los ojos, y árbol codiciable para alcanzar la sabiduría; y tomó de su fruto, y comió; y dio también a su marido, el cual comió así como ella".

41. Romanos 6:23: "Porque la paga del pecado es muerte, mas la dádiva de Dios es vida eterna en Cristo Jesús Señor nuestro".

42. Apocalipsis 20:11-15 dice: "Y vi un gran trono blanco y al que estaba sentado en él, de delante del cual huyeron la tierra y el cielo, y ningún lugar se encontró para ellos. Y vi a los muertos, grandes y pequeños, de pie ante Dios; y los libros fueron abiertos, y otro libro fue abierto, el cual es el libro de la vida; y fueron juzgados los muertos por las cosas que estaban escritas en los libros, según sus obras. Y el mar entregó los muertos que había en él; y la muerte y el Hades entregaron los muertos que había en ellos; y fueron juzgados cada uno según sus obras. Y la muerte y el Hades fueron lanzados al lago de fuego. Esta es la muerte segunda. Y el que no se halló inscrito en el libro de la vida fue lanzado al lago de fuego".

¿Quién puede ponerse entre Dios y la humanidad para resolver este conflicto? ¿Para reconciliar a los pecadores? Únicamente Jesús. "Porque hay un solo Dios, y un solo mediador entre Dios y los hombres, Jesucristo hombre" (1 Timoteo 2:5). Jesús es verdaderamente hombre y verdaderamente Dios. Él es el único que podía llenar este papel.

Solo una verdadera naturaleza humana podía representarnos delante de Dios; y solo una verdadera naturaleza divina podía representar a Dios delante del hombre.[43]

¿Dónde tuvo lugar esta reconciliación? En la cruz del Calvario una persona con dos naturalezas promulgó un gran intercambio, conocido como la gran doctrina de la sustitución. Aquí está lo que lo hizo tan grande: "Al que no conoció pecado, por nosotros lo hizo pecado, para que nosotros fuésemos hechos justicia de Dios en él" (2 Corintios 5:21). Jesucristo, como verdadero hombre y verdadero Dios, se convirtió en el único sacrificio posible por nuestro pecado. Se convirtió en nuestro sustituto sin pecado. John MacArthur desentrañó poderosamente este versículo para Kirk Cameron durante una entrevista de televisión en 2009:

> [John MacArthur] Este es el mayor versículo del evangelio en la Biblia… déjame desentrañar esas quince palabras griegas: "Él", Dios, "hizo a Jesús pecado". ¿Qué quiere decir con que "Él hizo a Jesús pecado"? Únicamente en un sentido, lo trató como si Él hubiese cometido cada pecado cometido por cada persona que pudiera creer aunque de hecho Él no cometió ninguno de ellos.
>
> Al colgar de la cruz, Él era santo, inofensivo e inmaculado. Al colgar de la cruz era un Cordero sin mancha. Nunca por una fracción de segundo fue un pecador. Él es Dios santo en la cruz. Pero Dios está tratándolo, lo pondré de forma más práctica, como si hubiera vivido *mi vida*.

43. Wayne Grudem. *Systematic Theology: An Introduction to Biblical Doctrine* (Leicester: Inter-Varsity Press: 2000), 541.

Dios castigó a Jesús por mi pecado; da la vuelta inmediatamente y me trata como si yo hubiera vivido su vida.

Esa es la gran doctrina de la sustitución; y sobre esa doctrina giró toda la reforma de la iglesia. Ese es el corazón del evangelio. Y lo que usted obtiene es completo perdón, cubierto por la justicia de Jesucristo, cuando Él mira a la cruz lo ve a usted, y cuando ve hacia usted ve a Cristo.

[Kirk Cameron] Si hay algo en mi vida de lo que quiero asegurarme es que comprendo esto. Esto es el evangelio.[44]

Todo lo que creemos depende de esto. Podemos maravillarnos de la persona y la obra de Jesucristo al confesar con Tomás que Él es "¡Señor mío, y Dios mío!" (Juan 20:28). Clamemos junto con Pedro: "Tú eres el Cristo, el Hijo del Dios viviente" (Mateo 16:16). Ambos discípulos tenían razón: Jesús es verdaderamente hombre y verdaderamente Dios.

RESUMEN

- **La media verdad:** Jesús es verdaderamente un hombre. La mayoría no discutiría que el Jesús de Nazaret histórico existió. Ningún erudito legítimo lo negaría; y aquellos que pasaron tiempo con Jesús nunca lo cuestionaron. Sin embargo, cuando una persona toma el nombre de Jesús en vano, están, en efecto, declarando que Él es un hombre de la historia y nada más. Ese es un intento por hacer a la Santa Persona una arrogante obscenidad, del exaltado Hijo de Dios a una exclamación ofensiva del hombre.

- **La verdad completa:** Jesús es *verdaderamente Dios* y verdaderamente hombre. Su humanidad fue como la nuestra (con una

44. Vale la pena un minuto y medio de tu tiempo para echar un vistazo a https://youtube/SZuVt7qWO80

excepción: Jesús no pecó); y sus atributos divinos son los mismos que los del Padre (p. ej. omnisciencia, omnipresencia y omnipotencia). Sin importar cómo una persona se refiera a Jesucristo en su vida, ya sea con una maldición o como su Salvador, la realidad de su naturaleza dual permanece. Usted no puede esquivarle al bulto con una afirmación de que Él era un "buen maestro". Él es ya sea un lunático, un mentiroso, o el Señor.

- **El significado completo:** Jesús tenía que ser humano para ser el sustituto perfecto para la humanidad. De otro modo, no hubiera sido el Salvador de los humanos. Su naturaleza humana fue también necesaria para que fuera nuestro Mediador. Solo una verdadera naturaleza humana podía representarnos delante de Dios; y solo una verdadera naturaleza divina podía representar a Dios delante del hombre. Jesucristo, como verdadero hombre y verdadero Dios, se convirtió en el único sacrificio posible por nuestro pecado, como nuestro sustituto sin pecado.

5

MEDIA VERDAD #5:

NUESTRAS BUENAS OBRAS IMPORTAN

Concerniente a la fe

Calificar por curva se utiliza ampliamente en las universidades hoy en día. Pídale a un padre de familia su opinión acerca de las instituciones que animan a los profesores a inflar las calificaciones de los estudiantes, hallará a muchos consternados al enterarse que esta práctica existe en realidad y es aprobada públicamente. (Al menos esperamos que estén consternados). ¿Por? Porque calificar por curva en última instancia lastimará —no ayudará— a los adultos jóvenes al asignarles calificaciones de forma comparativa en vez de objetiva. El sentido común dicta que las aulas de clase crean a los chicos para el fracaso cuando la evaluación de un estudiante está lejos de ser auténtica, y el estándar para el cual están siendo preparados no es ni de lejos lo que parece. La barra se convierte en una curva de campana. El nivel sigue reduciéndose, y la escala se desliza.

Pero es una realidad incómoda en muchas de nuestras escuelas. Como lo expresó un profesor de leyes de la UCLA (Universidad de California de Los Ángeles): "Las presiones para inflar las calificaciones son muy reales, y fluyen desde la naturaleza humana básica: A la mayoría de los maestros no les gusta dar a sus estudiantes bajas calificaciones, especialmente una vez que ya llegaron a conocer a sus alumnos relativamente bien".[1] Esto suena como otra de nuestras epidemias, en la que cada niño que participa en una actividad deportiva recibe un trofeo sin importar si ganan, pierden o empatan, básicamente, una zona "sin perdedores".

Ambos son el resultado de una nueva tendencia de autoestima en la que todo debe verse como la Cajita Feliz con un premio dentro.

¿No eran el mayor problema dentro de los salones de clase los alumnos que hacían trampa, y no los maestros? Puedo recordar a mi maestro de historia de la escuela preparatoria entregando sus exámenes con una severa advertencia de "¡mantén los ojos sobre tus propias hojas!". Es cierto que yo era uno de los culpables. Unos cuantos de nosotros teníamos establecido un muy buen sistema para determinar la respuesta a una pregunta desconocida. Baste decir, nuestras señales estaban en algún punto entre la clave Morse y una *fusión mental* vulcana[2]. Sólo puedo imaginarme las posibilidades disponibles hoy para un estudiante a través de Google y un dispositivo móvil.

Y de nuevo, aquí está lo que los maestros de una prominente escuela de leyes escribieron en una columna para *The New York Times*:

> Pregúntele a la gente que es lo que está mal con la educación superior estadounidense, y escucharán acerca de la inflación de calificaciones.

---

1. Eugene Volokh. "In Praise of Grading on a Curve", *The Washington Post* (February 9, 2015), accessible en línea en: https://www.washingtonpost.com/news/volokh-conspiracy/wp/2015/02/09/in-praise-of-grading-on-a-curve/

2. N.d.T. Se refiere a, en la serie de ciencia ficción Star Trek, a un *mind meld*, una forma de comunicación telepática limitada, usualmente a través de un toque físico.

En Harvard, hace algunos años, un profesor se quejó de que la calificación más común era A-. Fue prontamente corregido: La calificación más común en Harvard era A. A lo largo de 200 colegios y universidades, más del 40 por ciento de las calificaciones estaban en la categoría de la A. Tanto en escuelas de cuatro como de dos años, la mayoría de los estudiantes reciben A más que cualquier otra calificación, un porcentaje que ha crecido a lo largo de las tres décadas pasadas.[3]

Al buscar por Internet, una cantidad de artículos y entradas de blog relacionados a esto parecieron todos citar el mismo estudio, a través del que se recopilaron y analizaron unos sorprendentes setenta años de calificaciones en los colegios y universidades de los Estados Unidos. El documento, publicado por el Colegio de Maestros de la Universidad de Columbia, observaba 200 colegios y universidades de cuatro años con un total de matrícula de algo como 1.5 millones de estudiantes. El reporte dice que la excelencia está volviéndose obsoleta: "Como resultado de instructores que gradualmente bajan sus estándares, donde A ha llegado a ser la calificación más común en los *campi* de colegios de Estados Unidos. Sin regulación, o al menos fuertes lineamientos para calificar, las calificaciones en las instituciones norteamericanas de educación superior probablemente seguirán teniendo menos y menos significado".[4]

---

3. Adam Grant. "Why We Should Stop Grading Students on a Curve", *The New York Times* (September 10, 2016), accesible en línea en: https://www. nytimes. com/2016/09/11/opinion/sunday/why-we-should-stop-gradingstudents-on-a-curve. html. Grant está preocupado por otra práctica de los profesores, "el problema opuesto me preocupa aún más: la deflación de calificaciones. Sucede cuando los maestros fuerzan la calificación por curva: El 10 por ciento superior de los estudiantes recibe A, el siguiente 30 por ciento recibe B, etc. Algunas veces es estipulado por las instituciones; algunas veces, elegido por los profesores".

4. Stuart Rojstaczer y Christopher Healy. "Where a is ordinary: The evolution of american College and university grading, 1940–2009", *Teachers College Record, Vol. 114, No.* 7 (Teachers College of Columbia University, 2012), 4. Disponible en línea en: http://www.tcrecord.org/Content.asp?ContentId=16473.

La gente tiende a ver su entrada a la eternidad de la misma manera, como si Dios calificará por curva. Mira, Él es un buen tipo, y está preocupado de que usted sea positivo respecto de sus esfuerzos. Quiere que usted sepa que Él los ve y ha diseñado un proceso en el que hará examen a toda la humanidad, encontrar un promedio y ajustar las calificaciones. Mientras usted esté viviendo (hablando relativamente) mejor que alguien más, muy probablemente "pasará", recogerá $200 y entrará a un lugar de bendición. Cuando participa en alguna buena obra, tendrá garantizado un trofeo. Puede sentirse satisfecho por usted y sus propias habilidades porque ser "una buena persona" le ganará una A en el cielo.

¿Todavía está inseguro de su destino eterno? No se preocupe. Puede sentirse aún mejor respecto de su "oportunidad" a realizar cualquier cantidad de esas buenas obras. Aquí hay algunas que valen muchos puntos para Dios y su sistema de calificaciones:

- ¿Puede contar las maneras en que ha cuidado a sus hijos? (No estuvo mal, ya que esto es útil).
- Alguna vez donó a alguna campaña a favor de los enfermos de alguna dolencia? (Eso sí que fue muy bueno).
- ¿Alguna vez ayudó a los hambrientos o los indigentes? (Todavía mejor).
- ¿Estuvo dispuesto a trabajar por el bien de alguien? (Uno de los mejores).

Dejando el sarcasmo de lado, esto no es para decir que deberíamos ser indiferentes al sufrimiento que nos rodea. Ni que debemos huir de las oportunidades que nos obligan a ser compasivos. Con toda seguridad, debemos ser gente generosa que se preocupa lo suficiente para dar de nuestro tiempo y dinero para ayudar a otros en necesidad. Las buenas obras, *en este sentido, son buenas*. Sin embargo, si su entendimiento es que esos hechos ayudan de algún modo a asegurarle una buena posición frente a un Dios santo y justo, estará profundamente equivocado aquel día cuando todos estaremos ante Él en el juicio final. Un día en el que usted hará el intento por explicar cómo sus buenas acciones son suficientes para salvarse a usted mismo.[5]

LA MEDIA VERDAD

Nuestras buenas obras importan

La media verdad de este capítulo tiene mucho en común con los profesores que inflan las calificaciones de sus estudiantes. Esos chicos serán llevados a creer que han pasado la asignatura, solo para aprender luego cuán poco preparados están en realidad para el mundo real. De forma similar, hay una creencia de que la gente puede ir al cielo como resultado de que Dios califique con una escala. Algunos expresarían este punto de vista al insistir: "Mientras que mi vida sea menos pecaminosa que la del otro, debo ser suficientemente bueno para entrar al cielo".

Francamente, es ingenuo pensar que las buenas obras de una persona pudieran siquiera provocar un balance para inclinar su justo favor. Llámelo error de cálculo en el mejor de los casos. Es una pretensión señalar el puntaje de un hombre en una curva, en vez del sacrificio de Cristo en la cruz. Nuestras buenas obras nunca ameritarán nuestra propia salvación. Ameritarla significaría que realmente podemos hacer algo por nosotros mismos para ganarla, lo cual no podemos hacer. O incluso merecerla, cuando no la merecemos. Con todo, esto

5. Las palabras de Jesús, como están registradas en Mateo 7:21-23, son algunas de las verdades más espantosas que una persona pueda jamás escuchar de Él: "No todo el que me dice: Señor, Señor, entrará en el reino de los cielos, sino el que hace la voluntad de mi Padre que está en los cielos. Muchos me dirán en aquel día: Señor, Señor, ¿no profetizamos en tu nombre, y en tu nombre echamos fuera demonios, y en tu nombre hicimos muchos milagros? Y entonces les declararé: Nunca os conocí; apartaos de mí, hacedores de maldad". Esencialmente está diciendo a aquellos que han confiado en sus buenas obras para entrar al cielo, "váyanse al infierno".

es exactamente lo que se promociona por todos lados. Cada religión hecha por el hombre anuncia que nuestras buenas obras importan para entrar a la eternidad, para algunas es su punto principal, mientras que otras tras engañan en torno a ello. Examínelas y encontrará que las obras son su común denominador.

Tome, por ejemplo, a Alá, el dios del Islam, cuyos seguidores creen que evaluará a la gente en una escala de absoluta justicia, pesando las buenas obras de uno contra sus malas obras. Este juicio final está establecido completamente sobre el testimonio de dos ángeles que registran quienes han sido asignados a cada persona para hacer un seguimiento de las actividades de sus vidas. Para el musulmán, la esperanza del paraíso descansa en qué tan bien se verán sus obras contra la escala de Alá.[6] Citando del Corán: "Aquellos cuyo balance [de buenas obras] es pesado, ellos alcanzarán salvación; pero aquellos cuya balanza sea ligera, serán los que habrán perdido sus almas; y en el infierno quedarán" (Sura 23:102, 103).

Otro ejemplo se halla dentro del sistema de creencias de los Testigos de Jehová. Las buenas obras son absolutamente necesarias para que un Testigo sea candidato a la vida eterna. Su propia publicación proclama: "Tener su nombre escrito en el Libro de la Vida depende de las obras de uno… [debe de estar] trabajando duro para la recompensa de la vida eterna".[7] Este duro trabajo incluye ser miembro de la *Watch Tower Society*, una organización que ellos creen ser el único árbitro de Dios sobre la tierra. Añaden: "Si vamos a caminar en la luz de la verdad, debemos reconocer no solo a Jehová Dios como nuestro padre, sino a su organización como nuestra 'madre'."[8]

---

6. Para mayor información, vea la guía de referencia rápida de Ron Rhodes, *Islam: What you need to know* (Eugene: Harvest House Publishers, 2000). Ha creado una serie de útiles panfletos de "Lo que usted necesita saber" acerca de varios temas.

7. Citado en *La Atalaya*, 1° de abril de 1947, 107. Todos los números están disponibles en: http://avoidjw.org/magazines/.

8. Esto también está tomado de *La Atalaya*, 1° de mayo de 1957, 274. Una edición

Hay muchas religiones más que pudiéramos examinar, todas reducidas a una teología basada en las obras con el fin de ganar alguna clase de acceso a una vida después de la muerte. ¿Ha escuchado acerca del Noble Camino Óctuple del Budismo?, ¿o del reflejo de la mente divina de la Ciencia Cristiana? ¿Tal vez fe la práctica hinduista del yoga?, ¿del guardar la ley y sus ceremonias, del judaísmo?, ¿del cumplimiento de las ordenanzas del mormonismo?, ¿de la lista de sacramentos requeridos por la iglesia católica romana?

No debería de sorprendernos el número de formas que el hombre ha ideado para salvarse a sí mismo. Sin embargo, como pronto veremos, todas llevan a su destrucción eterna. De hecho, eso es exactamente lo que Jesús advirtió a las multitudes en Mateo 7:13 cuando dijo: "Entrad por la puerta estrecha; porque ancha es la puerta, y espacioso el camino que lleva a la perdición, y muchos son los que entran por ella".

LA VERDAD COMPLETA

Nuestras obras importan cuando están precedidas por la fe

Antes de avanzar más, debemos dejar las cosas claras: la salvación no se basa en nuestra propia bondad, sino en la bondad de Jesucristo. No puede haber obras añadidas a lo que Cristo ya hizo en la cruz. Su honestidad y bondad no le garantizarán el favor de Dios. Es Jesús + nada, no Jesús + honestidad, no Jesús + bondad, incluso no Jesús + algo religioso. Dios califica por la *cruz* no por la *curva*.[9]

---

posterior hace eco de la creencia errónea: "Para recibir vida eterna en el Paraíso terrenal debemos identificar a esa organización y servir a Dios como parte ella", 25 de febrero de 1983, 12.

9. Esta frase no es originalmente mía y a menudo ha sido atribuida al difunto Dr. Adrian Rogers. *ADRIANISMS: The collected wit and wisdom of Adrian Rogers* (Collierville: Innovo Publishing, 2015), 14.

Por último, hay solo una pregunta que estará en el examen final de Dios: "¿Quién dices que soy [Jesús]?".[10] Negar absolutamente a Cristo como el Hijo de Dios, que vino en carne para quitar nuestros pecados, no es únicamente fallar el examen sino renunciar a hacerlo. Nuevamente, solo hay una pregunta en este papel. Muchos han rehusado mirarla, y por ese acto de superioridad recibirán automáticamente un cero. Una calificación reprobatoria. No hay nada más que usted o yo podamos hacer para afectar el resultado de nuestra puntuación. Ni las buenas obras, ni siquiera las obras religiosas, nos salvarán.

La realidad es que la mejor conducta de un incrédulo es vista por los ojos de Dios como nada más que un "trapo de inmundicia". Estas tres significativas palabras se hallan en Isaías 64:6, en donde leemos: "Si bien todos nosotros somos como suciedad, y todas nuestras justicias como *trapo de inmundicia*". Nuestras obras delante de Dios son impuras porque nuestro propio pecado las ha manchado. El pecado arruina todo lo que toca dentro del humano: emociones, intelecto y voluntad. Nuestras actitudes se vuelven egoístas y arrogantes, nuestros propósitos, autopromoción, y nuestros deseos, autoengaño. El profeta Isaías ilustra gráficamente esto al referirse a un trapo menstrual usado durante el período de una mujer. Y este es su punto: Dios ve las mejores obras del hombre como totalmente inmundas. Han sido manchadas por el pecado.

El "trapo de inmundicia" está en contraste directo con la "salvación y justicia que los creyentes vestirán" cuando reciben la obra de Jesús en la cruz por fe.[11] Dios promete una calificación aprobatoria cuando contestemos la pregunta correctamente, cuando respondamos en fe a la obra terminada por Cristo en la cruz. También promete limpiar nuestra impureza, porque leemos: "Venid luego, dice Jehová,

---

10. Jesucristo preguntó estas palabras a Pedro en Mateo 16:15. Él contestó: "Tú eres el Cristo, el Hijo del Dios viviente" (v. 16).

11. Gary V. Smith. *New American Commentary: Isaías 50-66, vol. 15b* (Nashville: B&H Publishing Group: 2009), 691.

y estemos a cuenta: si vuestros pecados fueren como la grana, como la nieve serán emblanquecidos; si fueren rojos como el carmesí, vendrán a ser como blanca lana". ¡Incluso hay un trofeo![12]

Note que solo hemos estado discutiendo dos tipos de obras en este capítulo: las obras del hombre y las obras de Cristo. El Dr. Steve Lawson explica en su libro *Heaven Help Us!* [¡El cielo nos ayude!]:

> Todas las religiones del mundo pueden colocarse en una de dos categorías. Por un lado, está la religión del logro humano. Por el otro lado, está la religión del cumplimiento divino. Todas las religiones, excepto una, enseñan que el hombre debe hacer buenas obras y ganar su camino al cielo. Solo el cristianismo enseña que la salvación es un regalo ofrecido a pecadores no merecedores con base en la obra finalizada por Cristo en la cruz. Únicamente la fe en Cristo salva.Por eso en el cielo estaremos adorando a Cristo. No nos estaremos adorando a nosotros mismos, porque no hay cantidad de buenas obras, membresías de iglesias, certificados de bautismo o servicio que pueda quitar el pecado. Solo Cristo puede salvarnos del pecado.[13]

Por lo tanto, su respuesta en el examen final de Dios se basará en lo que usted cree que amerita (o se gana) una calificación aprobatoria. ¿Está centrada en el hombre o en Cristo? ¿Centrada en las obras o en Cristo? ¿Es algo que pueda ganar o algo que Cristo ha dado? ¿Será la curva o la cruz?

---

12. Santiago 1:12, "cuando haya resistido la prueba, recibirá la corona de vida, que Dios ha prometido a los que le aman". La "corona de vida" puede traducirse literalmente del original griego como "la corona que es vida". Se ha hecho una promesa para aquellos que aman a Dios, y es vida eterna, perpetua, con Él en el cielo.

13. Steven J. Lawson, *Heaven help us! Truths about eternity that will help* (Colorado Springs: NavPress, 1995), 92.

LAS OBRAS DEL HOMBRE

La calificación que se da a las obras del hombre siempre es reprobatoria, porque no tienen nada que ver con la obra de Cristo en la cruz. Cada simple esfuerzo para salvarnos a nosotros mismos por nuestra propia fuerza es inútil, sin excepción.[14] Es una obra vacía cuando no tiene que ver Cristo, una obra que descansa en los méritos de un hombre y no en Cristo. Fallamos, caemos y titubeamos en nuestra labor de ser santos sin la ayuda del Santo. Somos incapaces de ganar su favor por nuestra cuenta.

Quizá esté pensando: "¿Por qué es esto un problema? ¿No ha escuchado que si todos hicieran algo bueno cada día el mundo sería un lugar mucho mejor?". Enviar buenos pensamientos al universo no es solo algo budista, es temporal. Sí, estoy a favor de tratarnos unos a otros con honor, pero eso no cambiará nuestro estatus pecaminoso ante un Dios santo. Por favor entiéndalo: usted y yo somos incapaces de hacer una sola obra sin pecado por nuestras propias fuerzas. En serio. Olvídese del concepto de que sus buenas obras pesarán más que sus malas obras. Esa es una creencia sin base. ¡Usted ni siquiera tiene una buena obra! ¡Ni una!

"No es cierto", declara usted. Muy bien, entonces dígame su mejor obra. Baje este libro un momento para ver si puede, desde una evaluación honesta, evocar una acción suya. Pero no una simple buena obra, elija algo estelar, uno de sus mejores momentos. Una historia digna de presumir. No se preocupe, esperaré...

¿Ya la tiene? Genial, vamos a evaluar esta obra desde la perspectiva correcta, la de Dios.

Es imperativo que comencemos con su definición de pecado, que es "infracción de la ley", o el rechazo de la ley de Dios. Aprendemos en 1 Juan 3:4 que "Todo aquel que comete pecado, infringe también

14. Pablo escribe en Romanos 14:23 que "todo lo que no proviene de fe, es pecado".

la ley; pues el pecado es infracción de la ley". Pablo amplía esto para nosotros en Romanos 8:7, donde dice: "...los designios de la carne son enemistad contra Dios; porque no se sujetan a la ley de Dios, ni tampoco pueden". Aquí se ha diagnosticado que el hombre, específicamente en su mente y voluntad está infectado con una disposición hacia infringir la ley. Se rehúsa a ceder debido al pecado.

Es "una naturaleza orientada a alejarse de Dios".[15] El hombre es incapaz (en su carne) de someterse completamente a lo que Dios desea y requiere de él.

John Piper, el maestro fundador del ministerio *Desiring God*, describe este pecado inherente como "cualquier sentimiento, pensamiento, discurso o acción que viene de un corazón que no atesora a Dios sobre todas las cosas".[16] Es un amor por cualquier cosa o por cualquier persona por encima de Dios. Apunta a elevar al yo. Para ser más precisos, podemos identificar esto como el pecado mortal del orgullo.[17] Jonathan Edwards catalogó al orgullo como "el más oculto, secreto y engañoso de todos los pecados".[18] Mientras que la orgullosa filosofía del humanismo cree que el hombre es básicamente bueno —sin que forma alguna de mal moral penetre jamás ese núcleo— la Biblia nos corrige, enseñándonos que este rostro arrogante de autoexaltación[19]

---

15. Lambert. A *Theology of Biblical Counseling*, 217.

16. Tomado del mensaje de John Piper, "What is sin? The essence and root of all sinning", dado en el congreso para pastores Desiring God 2015 en Bethlehem, MN. Accesible en: https://www.desiringgod.org/messages/the-origin-essence-and-definition-of-sin.

17. Salmos 10:4 dice: "El malo, por la altivez de su rostro, no busca a Dios; no hay Dios en ninguno de sus pensamientos".

18. De Jonathan Edwards. *Advice to young converts*, tal como lo cita C.J.Mahaney en *Humility: True Greatness* (Sisters: Multnomah, 2005), 30.

19. Me encanta esta frase (y este capítulo) que ha escrito Jaso Mayer en el pequeño libro *Killjoys: The seven deadly sins*, editor Marshall Segal (Minneapolis: Desiring God, 2015), 10. También llama al orgullo "un crimen cósmico" y que "como criaturas finitas, no podemos comprender plenamente la repugnancia de Dios hacia la rebelión del orgullo. 9.

ha permeado cada aspecto de nuestra vida. (Aquí es donde su mejor obra entra). Piper continúa con el asunto del pecado:

> Pecado es nuestra preferencia por cualquier cosa antes que Dios. Pecado es nuestra desaprobación de Dios. Pecado es nuestro intercambio de su gloria por sustitutos. Pecado es nuestra supresión de la verdad de Dios. Pecado es la hostilidad de nuestro corazón hacia Dios. Es lo que somos en el fondo del corazón. Hasta que llega Cristo.
>
> ¿De modo que tales pecadores pueden hacer buenas obras, construir hospitales, mantener el límite de velocidad, negociar la paz, sanar enfermedades, alimentar al pobre, pagar un salario justo? Y por supuesto que la respuesta desde un ángulo es sí... [pero] hay otro ángulo desde el cual mirar. Un ángulo bíblico.
>
> El otro ángulo comienza en Romanos 3:10, 12: "Todos se desviaron, a una se hicieron inútiles; no hay quien haga lo bueno, no hay ni siquiera uno... no hay quien haga lo bueno, no hay ni siquiera uno". Desde este ángulo, sin Cristo no podemos hacer el bien. El escritor de los Hebreos lo formula de esta forma: "Pero sin fe es imposible agradar a Dios" (Hebreos 11:6). Y Pablo lo expresa así: "Todo lo que no proviene de fe, es pecado" (Romanos 14:23).
>
> En otras palabras, la razón por la que a algunas obras de los incrédulos se les llama "buenas" en el Nuevo Testamento es porque en el uso ordinario del lenguaje a veces describimos las obras de acuerdo con los estándares humanos ordinarios. Cometer adulterio es malo. No cometer adulterio es bueno.
>
> Pero hay otro ángulo. Si no cometer adulterio viene de un corazón que no tiene amor por Dios y atesora muchas cosas más que a Dios, entonces ese acto de castidad no es una expresión de amor por Dios. No es una forma de expresar su valor, Y por lo tanto es un deshonor a Dios. Es abandonado, ignorado, no considerado un factor decisivo y en ese sentido el fruto de ese corazón no es bueno... acciones que no vienen de la fe, que no vienen de atesorar a Dios por encima de todo.

> Y eso es lo que es el pecado, no atesorar a Dios por encima de todas las cosas, prefiriendo cualquier cosa más que a Dios.[20]

De modo que es cierto que su mejor obra puede, de hecho, ser una buena obra, pero solo cuando la miramos desde la perspectiva de que beneficie a alguien diferente de usted. Desde un ángulo humano, *es* buena. Sin embargo, la dificultad aún permanece dado que su obra está contaminada por su pecado. En su esencia, su obra está innegablemente centrada en el hombre, lo que la hace un "trapo de inmundicia" a los ojos de Dios. Cada criatura[21] en su cuerpo presente es incapaz de realizar perfectamente la voluntad de Dios. Recuerde lo que dije unas páginas atrás, *que somos incapaces de hacer una sola obra sin pecado por nuestras propias fuerzas*. Esta es una verdad que viene del término "pecado original".

Ciertamente, "pecado original" se refiere *al primer pecado* de Adán y Eva en el jardín de Edén. Pero también involucra las consecuencias del acto que ha pasado a través de toda la raza humana. Es decir, la composición de la raza humana está estropeada. La persona completa ahora ha sido afectada por este defecto. Si tiene una madre y padre humanos (¡los cuales tiene!),[22] felicidades, usted también está incluido en esta transición de un estado sin pecado a uno pecaminoso. La enfermedad de la depravación se ha distribuido de una persona a otra a lo largo de toda la humanidad. Todos en su árbol familiar cayeron junto con Adán y Eva. El rey David lo deja muy claro cuando escribe

---

20. Piper, "What is sin? The essence and root of all sinning".

21. Génesis 1:27: "Y creó Dios al hombre a su imagen, a imagen de Dios lo creó; varón y hembra los creó".

22. No olvide esto como un aspecto crucial de la naturaleza sin pecado de Cristo. No tuvo simiente de padre humano que fecundara a su madre humana, la virgen María. Sí, Jesús nació de una mujer (un nacimiento no semejante al nuestro), lo cual demuestra su humanidad, pero un bebé fue concebido en su vientre por el poder sobrenatural del Espíritu Santo (una concepción milagrosa, que fue tan diferente a la nuestra).

en el libro de los Salmos: "He aquí, en maldad he sido formado, y en pecado me concibió mi madre" (51:5).[23]

Las palabras del salmista son verdades dolorosas y personales. Describen la naturaleza caída que toca cada parte de nosotros. Adán y Eva, la serpiente y toda la humanidad recibieron esta maldición como resultado de su pecado, que comenzó en Génesis 3.

Sus buenas obras (incluso las mejores) no pueden ser y no son inherentemente buenas, sin importar cuánto lo intente. Duro de escuchar, lo sé. Pero permanece la verdad completa de que nadie es perfecto, ni siquiera de cerca. D. A. Carson dice en broma que "Vivimos en una era en la que algo equivocado, es decir que nadie (alguien) más está equivocado".[24]

Escuche cómo Dios responde a nuestro pecado: "Porque la ira de Dios se revela desde el cielo contra toda impiedad e injusticia de los hombres que detienen con injusticia la verdad" (Romanos 1:18). ¿Qué es nuestra injusticia? ¿Nuestra infracción de la ley? ¿Nuestro pecado? Pablo lo enlista en la misma carta a los Romanos (citando desde el Antiguo Testamento) en el capítulo 3:10-18. Si tiene una Biblia, siéntase libre de abrirla y seguir la lectura:

- Somos injustos: "Como está escrito: No hay justo, ni aun uno; no hay quien entienda, no hay quien busque a Dios. Todos se desviaron, a una se hicieron inútiles; no hay quien haga lo bueno,

---

23. David no estaba diciendo que fuera malo que su padre y su madre hubieran concebido un hijo, ni estaba haciendo de su nacimiento un acto pecaminoso en alguna forma. En lugar de eso, esta es una referencia a su (y nuestra) naturaleza caída. R. C. Sproul lo dijo mejor: "La idea es: no somos pecadores porque pecamos. Pero pecamos porque somos pecadores. Somos, por naturaleza, pecadores" (transmisión de radio "Renewing Your Mind" del 17 de febrero de 2015, "Total Depravity, Part One", archivada en línea en: http://renewingyourmind.org/2015/02/17/totaldepravity-part-1.)

24. D. A. Carson. *Scandalous: The cross and resurrection of Jesus* (Wheaton: Crossway, 2010), 42.

no hay ni siquiera uno". (vv. 10-12, tomado de Salmos 14:1-3; 53:1-3; Eclesiastés 7:20).

- Somos poco fiables: "Sepulcro abierto es su garganta; con su lengua engañan. Veneno de áspides hay debajo de sus labios" (v. 13; tomado de Salmos 5:9; 140:3).
- Somos perturbadores: "...su boca está llena de maldición y de amargura" (v. 14; tomado de Salmos 10:7).
- Somos inescrupulosos: "Sus pies se apresuran para derramar sangre; quebranto y desventura hay en sus caminos; y no conocieron camino de paz" (vv. 15-17; tomado de Isaías 59:7-8).
- No tenemos temor: "No hay temor de Dios delante de sus ojos" (v. 18; tomado de Salmos 36:1).

Lo que hemos leído es implacable, ¿correcto? ¿Está de acuerdo en que los caminos y las obras del hombre están lejos de ser justas y no garantizan ninguna esperanza del cielo? Abandonados a nuestra suerte, somos un desorden moral. Patético. Esta disposición, una naturaleza caída, es el problema fundamental en toda la historia de la humanidad; nuestro pecado ha manchado todo. Cada parte. Ni una simple obra nuestra puede escaparse de este problema.

D. A. Carson lo vuelve incluso más personal:

> "Para la mayoría de nosotros aún es difícil sentir empatía por la postura de Pablo… parece un desmesurado y casi grotesco negativismo. Después de todo, uno no va por todos lados diciendo: 'Soy el centro el universo'".
>
> Por otro lado, si alguien repentinamente levantara una fotografía de la graduación de su clase de la escuela preparatoria o colegio, y dijera: "Esta es la graduación de tu clase", ¿qué rostro mirarías primero solo para asegurarte que está ahí?
>
> O si tiene una discusión —un pleito realmente épico, de esos que suceden uno en diez años, particularmente violento, una verdadera

bronca de carretonero de primera clase— y se aleja furioso, pensando en todas las cosas que podía haber dicho, todo lo que debería haber dicho, y todo lo que hubiera dicho si hubiera podido pensar lo suficientemente rápido, entonces reproduce todo el argumento nuevamente en su mente, ¿quién gana?

Yo he perdido muchas discusiones en mi vida, pero nunca he perdido en la repetición mental de ellas.

El problema es que si pienso que soy el centro del universo, entonces lo más probable es que usted también lo haga. Y francamente, imbécil, ¿cómo se atreve a ponerse usted antes que yo? Y ahora, en vez de que Dios sea el centro, cada ser humano, cada uno portador de la imagen de Dios, piensa que es el centro. Hallamos nuestra identidad propia *no* en ser criaturas de Dios, sino en cualquier otra persona, institución, sistema de valores, ritual, cualquier cosa con tal de que Dios no pueda ser escuchado, ni permitirle hacer su reclamo final como nuestro Creador y juez… esta postura significa que ahora también estoy en conflicto con todas esas otras personas que quieren ser el centro del universo, y ahí comienza la guerra, el odio, las violaciones y las cercas, todo porque yo digo: "Yo seré dios".[25]

¿Quién está en el centro de nuestros esfuerzos? La impía trinidad de yo, mí y yo mismo. Con esa clase de actitud de minimizar a Dios no tendremos ninguna oportunidad en absoluto de que Él declare que nuestras obras son buenas. "Dios resiste a los soberbios, y da gracia a los humildes" (Santiago 4:6). Nuestro pecado nos ha separado de lo que es verdaderamente bueno, y ha arruinado nuestros esfuerzos por entrar a su buena gracia. Todos somos culpables ante Dios. Lo que necesitamos es reconciliación. Ahora tenemos una deuda ante un santo y justo Juez; y es una deuda infinita. Nuestro pecado requiere toda una eternidad en el infierno como pago, y el castigo nunca será suficiente para satisfacer la

25. Ibid, 44-45.

deuda. ¿Por qué es así? "Porque cualquiera que guardare toda la ley, pero ofendiere en un punto, se hace culpable de todos" (Santiago 2:10). Un sencillo punto de tropiezo = calificación reprobatoria para toda la vida.

LA OBRA DE CRISTO

¿Se da cuenta de que en esta vida solo hay un camino para recibir una calificación aprobatoria para la otra vida? No puede hacerse al poner su fe en una curva, en las obras del yo pecaminoso. El célebre predicador del siglo XX, Dr. Martyn-Lloyd Jones, dio estas mismas noticias a su congregación en 1941.

> El hombre debe estar persuadido y convencido de su pecado. Debe enfrentar la terrible y desnuda verdad acerca de sí mismo y de su actitud hacia Dios. Únicamente cuando se da cuenta de esa verdad estará listo para creer al evangelio y regresar a Dios.[26]

El pastor de la capilla de Westminster no se anduvo con rodeos en su púlpito de Londres. Estaba a la ofensiva, observando cómo "la filosofía ha sido glorificada y el hombre ha afirmado que puede solucionar el enigma de la vida y del universo. Nunca ha sido el hombre tan orgulloso de sí mismo, de sus logros y de su conocimiento".[27]

La calificación todavía es la misma. El hombre rehúsa reconocer su culpabilidad delante de Dios, y de ese modo, examen tras examen, año tras año, sigue regresando con la misma respuesta incorrecta: "Soy salvo por mis buenas obras".

Hebreos 9:22 indica el proceso necesario para que pasemos: "sin derramamiento de sangre no se hace remisión". Podemos ser "comprados

---

26. Dr. Martyn Lloyd-Jones. *The plight of man and the power of God* (Ross-shire: Christian Focus Publications, 2010), 29.

27. Ibid, 105.

nuevamente" de la presencia y poder de nuestro pecado con un sacrificio. Pero para que esto suceda necesitamos ayuda. Precisamos que se haga una ofrenda por nuestros pecados que satisfaga a Dios. Necesitamos un sacrificio final y definitivo. Una sustitución penal. Alguien (un sustituto) que sea capaz de llevar el castigo (penal) por nuestras ofensas. ¡Eso es pedir MUCHO! Nuestra ofensa infinita requiere un pago hecho por un Dios infinitamente santo.

Aquí están las buenas noticias:[28] la cruz del Calvario es donde nuestro castigo por el pecado ha sido pagado por completo. Pedro, en su primera carta a sus compañeros cristianos de Asia Menor, reconoció esta gloriosa verdad, que Cristo era el único que había completado esta obra: "quien llevó él mismo nuestros pecados en su cuerpo sobre el madero, para que nosotros, estando muertos a los pecados, vivamos a la justicia; y por cuya herida fuisteis sanados" (1 Pedro 2:24). Pablo reconoció esto también al escribir a la iglesia en Roma: "Mas Dios muestra su amor para con nosotros, en que siendo aún pecadores, Cristo murió por nosotros" (Romanos 5:8).

Considere por un momento el marcado contraste entre lo que leímos antes, palabras condenatorias de Pablo (en Romanos 3:10-12), y las de Pedro aquí, acerca de la obra del único que no tiene pecado (de 1 Pedro 2:21-23):

- El pago de Cristo por nosotros: "porque también Cristo padeció por nosotros" (v. 21b).
- El propósito de Cristo fuimos nosotros: "dejándonos ejemplo, para que sigáis sus pisadas" (v. 21c).
- La perfección de Cristo, nada parecido a nosotros: "el cual no hizo pecado, ni se halló engaño en su boca" (v. 22; tomado de Isaías 53:9).

---

28. Las buenas noticias del evangelio ¡literalmente! La palabra griega para ambos sustantivos *εὐαγγέλιον*.

- La paciencia de Cristo para con nosotros: "quien cuando le maldecían, no respondía con maldición" (v. 23a).
- El compromiso de Cristo debido a nosotros: "cuando padecía, no amenazaba, sino encomendaba la causa al que juzga justamente" (v. 23b).

No tenemos buenas obras propias, ni obras sin pecado lo suficientemente justas para expiar nuestros pecados. Se ha dicho que "somos deudores que no pueden pagar su deuda".[29] Tiene que hacerse expiación a favor del hombre si es que su comunión con Dios va a restaurarse, una comunión que originalmente se rompió en el Edén.[30] Solo el puro Hijo de Dios podía soportar la ira de Dios el Padre sobre la cruz. Vivió perfectamente y padeció una severa muerte; fue una obra de salvación para el hombre pecaminoso.

Gálatas 3:13 dice: "Cristo nos redimió de la maldición de la ley, hecho por nosotros maldición". Al hacerlo así, puso su obra meritoria a disposición de "los que han de creer en mí" (Juan 17:20). Esta obra buena y misericordiosa que está libremente disponible debe ser recibida por fe. No puede ganarse por nuestros propios esfuerzos. Este es el único pago aceptable por Dios y de parte de Dios por nuestro castigo. Cuando fue realizada, Cristo orgullosamente proclamó: "Consumado es" (Juan 19:30).

¿Pero cómo puedo tener la certeza de que la ira de Dios por mi alma ha sido satisfecha? ¿En dónde separo la verdad del error? (Usted conoce la respuesta). Esta seguridad únicamente se puede hallar en la confiable Palabra de Dios. De voltear hacia los manuales religiosos de los hombres, será llevado "por doquiera de todo viento de doctrina, por estratagema de hombres que para engañar emplean con astucia

---

29. R.C. Sproul. *Essential truths of the christian faith* (Carol Stream: Tyndale House Publishers, 1992), 181.

30. Génesis 3:23-24: "Y lo sacó Jehová del huerto del Edén… Echó, pues, fuera al hombre".

las artimañas del error" (Efesios 4:14). A la larga eso probará ser una aventura mortal. No sea absorbido por la sabiduría este mundo con sus medias verdades. Ponga en práctica algo de discernimiento de modo que sea capaz de diferenciar entre lo que es bíblico y lo que no lo es. Vaya a la Palabra de Dios para buscar respuestas.

La Biblia asegura que la obra de Cristo en la cruz *propició* el juicio de su Padre. "Propiciación" esencialmente significa un hecho satisfactorio. Se define como una "ofrenda que aleja la ira de Dios dirigida hacia el pecado".[31] Pablo lo explica así en Romanos 3:23-25 cuando dice: "por cuanto todos pecaron, y están destituidos de la gloria de Dios, siendo justificados [literalmente "perdonados del castigo" o "declarados justos"] gratuitamente por su gracia, mediante la redención que es en Cristo Jesús, a quien Dios puso como propiciación por medio de la fe en su sangre". Es la muerte del perfectamente puro Hijo de Dios que satisfizo el requisito del Padre por nuestro pecado. La Biblia nos dice que nada se acerca más.

Hebreos 2:17 lo corrobora. Ahí leemos: "Por lo cual debía ser en todo semejante a sus hermanos, para venir a ser misericordioso y fiel sumo sacerdote en lo que a Dios se refiere, para expiar los pecados del pueblo". Cristo fue nuestro sustituto en todas las formas posibles. Él fue humano de la misma manera que nosotros lo somos, pero sin pecado, un perfecto sustituto. Fue esa vida perfecta, sacrificada por los pecadores con el castigo de la muerte, lo que apaciguó la ira del Padre.

Además, "la resurrección fue el sello de aprobación de Dios por la propiciación que Cristo ofreció". John MacArthur escribe que "es el sello y el eje de la verdad del evangelio".[32] Sin la resurrección, nuestra fe en la obra redentora de Cristo sería en vano. Si Cristo hubiera permanecido muerto, su obra no hubiera significado nada más que

31. Grenz, Guretzki, y Nordling, *Pocket Dictionary of Theological Terms*, 96.

32. Publicación de John MacArthur en el blog de *Grace to You*: *Paul's gospel essentials: Resurrection and eyewitnesses*, March 2, 2017. Acceso en: https://www.gty.org/library/blog/B170302/.

la de usted o la mía. Simplemente sería otra muerte, otra obra. No tendríamos razón de confiar en ella. La calificación seguiría siendo reprobatoria. Literalmente, no hubiera tenido caso.

Pablo aborda esto directamente con los Corintios cuando escribe: "y si Cristo no resucitó, vuestra fe es vana; aún estáis en vuestros pecados" (1 Corintios 15:17). La resurrección es una prueba irrefutable de esta propiciación. Dios tenía un plan diferente. Aseguraría a aquellos que "se compungieron de corazón" (Hechos 2:37) con una verdad gloriosa del evangelio: Dios el Padre levantó a Dios el Hijo de la tumba, por medio del poder del Espíritu Santo, para declarar ante un mundo que observa que Jesús es el único que puede pagar por el pecado. Jesús es el *único* digno de nuestra fe. Siendo resucitado de entre los muertos, el Salvador sin pecado ofreció perdón a todos y cada uno de los que se *arrepientan* de su pecado y *crean* en su obra en el Calvario.

- *¿Está usted convencido de su necesidad de hacer esto mientras lee este capítulo?*
- *¿Confesará que es pecador sin obras buenas, que necesita salvación?*
- *¿Cree usted que su obra en la cruz pagó por sus pecados pasados, presentes y futuros?*

Él es el único objeto válido de su fe salvadora. Él es el único sustituto viable para su pecado.

Pablo escribe: "que si confesares con tu boca que Jesús es el Señor, y creyeres en tu corazón que Dios le levantó de los muertos, serás salvo" (Romanos 10:9). No se pierda esto: el evangelio tiene el poder para salvar pecadores. Yo soy uno de ellos que ha sido redimido por esta maravillosa obra del Hijo de Dios. El perdón de su pecado, junto con la reconciliación y paz con Dios, pueden ser suyas únicamente por la fe.

Sinceramente, mientras escribo esto estoy orando que usted esté dispuesto y sea capaz de confesar, arrepentirse, creer y regocijarse conmigo como hermano o hermana en la familia de "Dios por el Señor nuestro

Jesucristo, por quien hemos recibido ahora la reconciliación [...] Porque así como por la desobediencia de un hombre los muchos fueron constituidos pecadores, así también por la obediencia de uno, los muchos serán constituidos justos" (Romanos 5:11, 19). Si usted no lo ha hecho así, le ruego que clame a Dios por misericordia y reciba su regalo de gracia salvadora hoy.

EL SIGNIFICADO COMPLETO

¿Qué hemos cubierto hasta aquí en este capítulo? Eso puede responderse con un sencillo versículo que trata de la salvación: "Para los hombres esto es imposible; mas para Dios todo es posible" (Mateo 19:26). Hemos explorado las falacias de confiar en las buenas obras del hombre para entrar al cielo y experimentar su gozo (imposible), y la verdadera fe necesaria para recibir la obra de Cristo (posible). Al cerrarse el círculo, debemos hacer la pregunta: "¿Nuestras buenas obras importan algo delante de Dios?".

La respuesta para el creyente en Cristo es un sonoro "¡sí!". Nuestra fe en Él producirá buenas obras. Dios las declara buenas obras porque le glorifican y no a nosotros mismos. En su "Sermón del Monte", Jesús dice: "Así alumbre vuestra luz delante de los hombres, para que vean vuestras buenas obras, y glorifiquen a vuestro Padre que está en los cielos" (5:16). Esto es lo que Santiago escribió: "Así también la fe, si no tiene obras, es muerta en sí misma". Cero obras significan cero fe. En otras palabras, "una fe sin obras no es fe salvadora. No entender esto es ignorar el bosque mientras se observa un solo árbol".[33] Esas buenas obras son posibles únicamente por la fe.

33. Aunque no es mi intención desentrañar Santiago 2:14-26, James R. White lo hace magistralmente en su libro *The God that justifies: The doctrine of justification* (Minneapolis: Bethany House Publishers, 2001), 331-332. White comienza el capítulo diciendo que el pasaje puede resumirse en la palabra "muéstrame"... "Esta

Piénselo de este modo. Si usted es un creyente en Cristo, entonces debe ser capaz de mirar hacia atrás su vida como cristiano y ver crecimiento. Su fe producirá crecimiento piadoso en un período de tiempo. Quizá unas pocas semanas, algunos meses, incluso años, pero la idea es que su fe esté desarrollando piedad desde adentro hacia afuera. Su fe producirá fruto del Espíritu de Dios que reside en usted. ¿Qué tipo de fruto?

> El fruto del Espíritu es amor, gozo paz, paciencia, benignidad, bondad, fe, mansedumbre, templanza... [usted seguirá] la justicia, la piedad, la fe, el amor, la paciencia, la mansedumbre... [usted será] hospedador, amante de lo bueno, sobrio, justo, santo, dueño de sí mismo, retenedor de la palabra fiel tal como ha sido enseñada... capaz de exhortar con sana enseñanza y convencer a los que contradicen. (Gálatas 5:22-23; 1 Timoteo 6:11; Tito 1:8-9).

Su nueva vida en Cristo debe producir buenas obras, "para que anunciéis las virtudes de aquel que os llamó de las tinieblas a su luz admirable" (1 Pedro 2:9). Sin esta fe, una obra es solo eso, una obra. Pero con ella, una obra es el resultado de esa fe, que a su vez glorifica a Dios. "En esto es glorificado mi Padre, en que llevéis mucho fruto, y seáis así mis discípulos" (Juan 15:8).

Alistair Begg usa una analogía útil en su libro *What angels wished they knew* [Lo que los ángeles desearían saber]:[34]

> Considere una botella de penicilina, el famoso antibiótico identificado por Alexander Fleming y producido inicialmente para uso clínico

---

exhortación a los cristianos no está abordando cómo son declarados justos los impíos delante de Dios [porque no lo son], sino cómo esa declaración se muestra externamente en la vida cristiana" 329.

34. De Alister McGrath, Bridge-Building, como está citado en *What angels wished they knew: The basics of true christianity* de Alistair Begg (Chicago: Moody Press, 1998), 168-169.

en la clínica Radcliffe, de Oxford, y responsable por salvar la vida de incontables individuos que de otra forma hubieran muerto de varias clases de intoxicación en la sangre. Imagine que…

a. esta botella está sobre mi mesita de noche, y que…
b. estoy padeciendo de intoxicación sanguínea.

¿Cuáles son mis opciones?

a. Puedo *aceptar* que esta botella de penicilina existe.

b. Puedo *confiar* que es capaz de curar mi enfermedad, la cual de otra forma probablemente me matará. Pero nunca voy a curarme de la intoxicación sanguínea, a menos que…

c. *Actúe* con confianza y tome la penicilina. La aceptación y la confianza preparan el camino para el componente final de la fe, entrar en la promesa y recibir lo que esta ofrece. Yo puedo aceptar que la botella existe, y puedo confiar en su capacidad de curar la intoxicación sanguínea, pero a menos que tome la medicina que esta contiene, no habré beneficiado mi fe en ella. Moriría, aceptando y confiando, pero habiendo fallado en beneficiarme del recurso que podía haberme salvado.

Su fe debe ser genuina. Tener un conocimiento mental puede significar que usted ha sido considerado como inteligente, pero no necesariamente sabio. Cuidado: mucha gente inteligente irá al infierno. Sus "buenas" obras no pueden venir primero, deben ser precedidas por una fe genuina. No corra. Y examine su corazón para ver si tiene una fe verdadera. Esto no es un simulacro. Examínese a usted mismo, porque debe ser una fe incondicional que es útil, fructífera y agradecida hacia Aquel que lo salvó a usted.

RESUMEN

- **La media verdad:** Nuestras buenas obras importan. Como los profesores que inflan las calificaciones de sus estudiantes, existe la creencia de que la gente irá al cielo como resultado de que Dios califique por escala. Pero nuestras buenas obras nunca ameritarán la salvación. El hombre ha ideado una gran cantidad de formas religiosas y seculares para salvarse a sí mismo. Tristemente, todas llevarán a su destrucción eterna.

- **La verdad completa:** Nuestras buenas obras importan *cuando van precedidas por la fe*. Solo hay dos clases de obras: el logro humano y el cumplimiento divino. Su respuesta en el examen final de Dios se basará en aquello que usted crea que amerita una calificación aprobatoria. Será ya sea centrada en el hombre o centrada en Cristo. Las obras del hombre han sido manchadas por el pecado original, mientras que la obra de Cristo en la cruz apaciguó la ira de Dios. No hay curva, solo la cruz. ¿En cuál obra pondrás tu fe?

- **El significado completo:** Su nueva vida en Cristo debe producir buenas obras que glorifiquen a Dios, no lo contrario. Las obras nunca producirán la salvación o la autopromoción. ¡Verifique su corazón! Esto es demasiado serio. Recuerde, las "buenas" obras no pueden llegar antes. Debe precederlas una fe genuina, una que lleve fruto de (el Espíritu de) Dios que reside en usted.

6

LA VERDAD COMPLETA

Mi travesía

Esas cinco medias verdades fueron mías. Frecuentemente, las usaba para desviar y para engañarme a mí mismo, así como a otros que querían discutirlas. ¿Puede ver ahora lo que falta en cada una de ellas?

La Biblia fue escrita por hombres… *e inspirada por Dios.*
Todas las religiones son lo mismo… *excepto el cristianismo.*
Dios es amor… *y es santo, santo, santo.*
Jesús es verdaderamente hombre…. Y *verdaderamente Dios.*
Y nuestras buenas obras importan… *cuando son precedidas por la fe.*

Todavía puedo recordar el momento en el que supe que esas cinco medias verdades me habían impedido conocer la verdad completa. Porque en ese mismo momento nací otra vez. Cuando fui rescatado del vacío engaño de la sabiduría humana e introducido sobrenaturalmente a la sabiduría de Dios, literalmente, fui "nacido de nuevo". Eso es lo que se conoce como el nuevo nacimiento, la vida de Dios entrando al alma de un hombre. Espiritualmente, yo estaba muerto en mis delitos y pecados, pero Dios me dio nuevos ojos, nuevos oídos y un nuevo corazón para creer su gloriosa verdad. Me ha cambiado a una vida renovada en Jesucristo. Eso fue sublime gracia, ciertamente.

Todo comenzó en 1993 mientras trabajaba en una estación radial en Nueva York. Una *disc jockey* llamada Bárbara había ganado rápidamente la fama de ser nuestra "fanático de Jesús". Mis compañeros me advirtieron que con ella no me involucrara en debates en busca de la verdad, lo cual solo me animó a hacerlo. Mientras comparto esto, estoy tan agradecido de que ella amable y firmemente me desafiara en nuestras conversaciones. Bárbara nunca huyó de las lacónicas palabras que yo estaba tan acostumbrado a decir como insultos. Eran mecanismos de defensa que yo lanzaba como medias verdades de la Biblia, presentándolas como si fueran la verdad completa. Pero ella no me dejaba salirme con la mía. Ni tantito. No. En lugar de eso, me desafiaba a buscar las respuestas verdaderas por mí mismo.

Por ejemplo, me encanta la historia y me asombró aprender que la Biblia no fue traducida por "un montón de viejos" (como yo había afirmado), ¡sino que tiene más evidencia de manuscritos que cualquiera de las obras clásicas que yo tuve que leer en la escuela! *La Ilíada* de Homero, las *tetralogías* de Platón no están ni siquiera en el mismo nivel cuando se compara el número de manuscritos del Nuevo Testamento.

Otra verdad que aprendí, desde la perspectiva de la evidencia, tiene que ver con el apóstol Pedro y la sentencia de muerte que recibió por compartir el evangelio. La tradición nos dice que Pedro, antes de ser crucificado, fue forzado a ver la crucifixión de su esposa. El historiador Eusebio, del siglo cuarto, escribió: "permaneció al pie de la cruz de su esposa y se mantuvo repitiéndole: 'Recuerda al Señor, recuerda al Señor'. Y después de que ella murió, él mismo fue crucificado y rogó que lo crucificaran de cabeza porque era indigno de morir como su Señor".[1]

Había llegado a darme cuenta de que la Biblia *es* la misma Palabra de Dios. Las afirmaciones del cristianismo son exclusivas, no inclusivas. Dios es amor, sí, pero también es santo, santo, santo y debe juzgar el pecado. Por eso es que envió a su único Hijo para redimirnos de su poder y castigo. Nuestras obras son incapaces de salvarnos, pero nuestra fe en el único que ya hizo la obra en la cruz, lo hace. Él lo pagó todo. Y esa es la verdad completa.

Y así también lo fue en aquella estación de radio durante una pausa comercial cuando oré en voz alta a Dios. Bárbara había reconocido que yo estaba quebrantado por mi pecado y deseaba una relación correcta con Él. Ella me había ayudado a ver mi necesidad más apremiante: que pudiera confiar en Dios y en su Palabra. Ahora necesitaba poner mi fe únicamente en Cristo para el perdón de mi pecado y para una vida renovada. Porque Jesús es quien dice que es: "Yo soy la luz del mundo. Si ustedes me siguen, no tendrán que andar en la oscuridad porque tendrán la luz que lleva a la vida" (Juan 8:12).

Hoy te invito a unirte a mí haciendo lo mismo. Se te ha presentado la verdad completa, también. De hecho, estos cinco capítulos previos han revelado cada uno una *media verdad*, desvelado una *verdad completa* específica, y luego explicaron su *significado completo*. Solo queda una pregunta: ¿se arrepentirá usted de sus pecados y creerá en Jesucristo como su Salvador? (Desde luego esto resultaría en un final feliz).

Me recuerdo de las palabras de Santiago en el capítulo 4:7-10:

> "Acercaos a Dios, y él se acercará a vosotros. Pecadores, limpiad las manos; y vosotros los de doble ánimo, purificad vuestros corazones. Afligíos, y lamentad, y llorad. Vuestra risa se convierta en lloro, y vuestro gozo en tristeza. Humillaos delante del Señor, y él os exaltará.".

1. Eusebio. *Historia de la Iglesia* 3:1, 30. Con acceso en línea en: http://www.newadvent.org/fathers/250103.htm.

7

PENSÁNDOLO CON DETENIMIENTO

Su desafío

Todo lo que he dicho en este libro fue con la intención de cumplir dos objetivos: presentar a Cristo correctamente a lo largo de las Escrituras y suplicarle encarecidamente a usted que se arrepienta en esta breve ventana de tiempo que tenemos juntos. Si usted cree que Jesús es el Mesías prometido, el Hijo de Dios, su Salvador, entonces primero debe recibirle. Leemos: "Mas a todos los que le recibieron, a los que creen en su nombre, les dio potestad de ser hechos hijos de Dios" (Juan 1:12).

¿Lo ha hecho? Puede no volver a tener esta oportunidad, porque no sabemos lo que el mañana traerá. (Si no está listo para recibir a Cristo, por favor siga leyendo). Pero si ha recibido a Cristo, permítame ayudarle con una guía sencilla de algunas sugerencias para los siguientes pasos de su travesía espiritual.

¿Sabía que al leer los anteriores cinco capítulos —cinco medias verdades— ha tomado también un breve estudio académico de teología sistemática? Pudo no parecer así, pero lo hizo. La teología sistemática organiza excepcionalmente las doctrinas (enseñanzas) bíblicas por categorías:

- *Bibliología* es el estudio de la naturaleza y carácter de la Biblia con relación a su inspiración, infalibilidad, autoridad, suficiencia, etc. La primera media verdad fue *concerniente* a la Biblia (capítulo 1). Se cubrió exactamente eso desde la perspectiva de jugar al teléfono descompuesto.

- *Cristología* es el estudio de la persona y la obra de Jesucristo. La segunda media verdad, *concerniente al cristianismo* (capítulo 2) y la tercera, *concerniente a Cristo* (capítulo 3), ambas abordaron los elementos clave de sus naturalezas humana y divina, así como sus obras milagrosas.

- *Teología propia* es el estudio de Dios mismo. La cuarta media verdad, concerniente a Dios (capítulo 4), observó específicamente sus atributos de amor, gracia y santidad.

- *Soteriología* es el estudio de la salvación, *hamartiología* es el estudio del pecado, y *antropología* es el estudio del hombre. Exploramos cada una de estas doctrinas en la quinta media verdad *concerniente a la fe* (capítulo 5).

Cualquier estudio de la teología cristiana es tiempo bien invertido, como lo escribe el teólogo David Wells: "Con el fin de que podamos conocerle, aprendamos a pensar en Él, vivir nuestra vida en su mundo bajo sus términos, y por pensamiento y acción proyectar su verdad en nuestro propio tiempo y cultura".[1] Su desafío de avanzar es no dejar

1. De David Wells. "The theologian's craft", en *Doing theology in today's world: Essays in honor of Kenneth S. Kantzer*, citados en *Biblical Doctrine: A Systematic summary of Bible truth*, ed. John MacArthur y Richard Mayhue (Wheaton: Crossway, 2017), 34.

de explorar estas verdades de la Palabra de Dios. Debajo se encuentran tres formas de continuar para lograrlo, como ayudas adicionales en su crecimiento espiritual.

COMPRE UNA BIBLIA DE ESTUDIO

Primero, le recomendaría comprar una buena Biblia de Estudio. Esta es una Biblia que tiene notas explicativas impresas junto con el texto de las Escrituras. También encontrará que a lo largo de sus páginas tiene gráficos, mapas y fotos increíblemente útiles/ Después puede elegir de entre un puñado de traducciones principales (tales como la *Reina Valera 1960*, la *Nueva Versión Internacional* [NVI], y la *Nueva Traducción Viviente* [NTV]). También hay disponible una cantidad de otras Biblias de estudio útiles, tales como la *Biblia de Estudio Palabra Clave* y la *Biblia de Estudio Explicada*.

LEA LA PALABRA DE DIOS

Segundo, me gustaría desafiarlo a decidirse a leer su Biblia diariamente. ¿Necesita cambiar su rutina matutina (o vespertina)? Esta es una forma intencional de aprender más de Dios y de amarlo más. Y no demos por sentada la oportunidad de hacer esto con otros. La rendición de cuentas y el apoyo nos ayudan a llegar al final cuando estamos tentados a renunciar, cuando enfermamos o cuando estamos abrumados por la vida. Invite a su familia y amigos a unirse a usted en esta travesía.

Si nunca antes ha leído una porción de las Escrituras, permítame sugerirle que comience con el Evangelio de Juan. *La Biblia de Estudio MacArthur* tiene un plan de lectura de un año listado en el reverso. Hay una variedad de planes disponibles en línea. Lo importante es que comience. Elija un lugar de la casa para leer la Palabra de Dios regularmente. Tenga el café listo, prepare su Biblia y materiales la noche anterior. No revise los marcadores deportivos o las redes sociales cuando se despierte, primero lea. De otro modo, le robarán su precioso tiempo matutino que siempre se evapora.

Lo que es más importante para un verdadero adorador de Dios es leer su Palabra *diariamente*. El salmista dice de la persona piadosa: "...en la ley de Jehová está su delicia, y en su ley medita de día y de noche" (Salmos 1:2). Jonathan Edwards también reconoció el valor de hacer el tiempo para leer las Escrituras (por cierto, nosotros nunca "hallamos" el tiempo, debemos "hacerlo"). En 1722 escribió su resolución 28, que dice: "Resuelto: a estudiar las Escrituras tan continua, constante y frecuentemente, que pueda hallar y percibir plenamente que crezco en el conocimiento de ellas".[2]

LEA BUENOS LIBROS

Tercero, lea buenos libros. Tony Reinke está en lo cierto cuando escribe: "Siempre hay interrupciones y otras cosas por hacer. Todos podemos hallar excusas de por qué no podemos leer... Pero podemos hallar tiempo para hacer lo que 'queremos' hacer".[3] Tristemente estamos preparando un subcojunto de cristianos que rara vez leen.

Sí, cuesta trabajo, pero por cualquier razón (y hay muchas), la gente no está invirtiendo en lo que realmente importa, en lo interior. Se han debilitado al no flexionar sus músculos de lectura. Reinke añade: "El problema no es que no tengamos *tiempo* para leer, sino que no tenemos el *deseo* de leer. Por lo tanto aprenda a amar la lectura, porque es más fácil hallar tiempo para hacer lo que le gusta hacer.

2. *Jonathan Edwards' Resolutions and advice to young converts*, ed. Stephen J. Nichols (Phillipsburg: P&R Publishing, 2001), 20.

3. Tony Reinke. *Lit! A christian guide to reading books* (Wheaton: Crossway, 2011), 132.

En ningún lado vemos esto materializarse más que en nuestros dispositivos móviles. En esta era digital somos más aptos para desplazarnos hacia abajo en la actualización de publicaciones en las redes que desconectarnos y leer críticamente.[4] "Encuentre libros que lo atrapen. Lea libros que lo hagan perder el sueño en la noche. Quizá ese sea un libro que ya haya leído. Reléalo".[5] ¡Sí, un buen libro se lee más de una vez!

Aquí hay cinco libros que se encuentran en la parte superior de mi lista:

8. *La santidad de Dios*, por R. C. Sproul (Publicaciones Faro de Gracia, 2004).

    Descripción: Lo principal del carácter de Dios es la cualidad de la santidad. Sin embargo, aun así, la mayoría de la gente se encuentra en apuros al definir qué es precisamente la santidad de Dios. Muchos predicadores evaden completamente el tema porque la gente hoy no sabe muy bien qué hacer con palabras como "reverencia" y "temor". R. C. Sproul, en esta su obra clásica, pone la santidad de Dios en su lugar, apropiado y central, en la vida cristiana. Pinta una visión de Dios que inspira reverencia, que anima a los cristianos a volverse santos tal como Dios lo es. Una vez que usted encuentra la santidad de Dios, su vida nunca será la misma.

9. *Difícil de creer: El alto costo e infinito valor de seguir a Jesús*, por John MacArthur (Grupo Nelson, 2004).

---

4. Si está interesado en aprender más acerca del impacto que la tecnología está teniendo sobre nosotros —bueno y malo— permítame recomendarle el libro de Tony Reinke, *12 ways your phone is changing you* (Wheaton: Crossway, 2017).

5. Reinke. *Lit! A christian guide to reading Books*, 132.

Descripción: Jesucristo no murió en la cruz para que usted y yo podamos tener un lindo día. Los ministros y maestros que diluyen el evangelio de Cristo para hacerlo más popular y atractivo pueden estar guiando a su público amante de la diversión hacia el camino del castigo eterno. Este es el tratado inquebrantable y sin pedir disculpas de John MacArthur acerca de la tendencia moderna de alterar el mensaje del cristianismo con el fin de satisfacer los caprichos y deseos de una cultura que espera mensajes que no le confronten, respuestas fáciles y compromisos superficiales. Demasiada gente quiere un Jesús espectacular, publicitario, al estilo norteamericano "*Madison Avenue*" para hacerles bien, hacerlos ricos y darles prosperidad. Pero Jesucristo no es un genio personal. Él es el Salvador; murió en agonía para satisfacer la ira de Dios y para perdonar los pecados de la humanidad. La fe en Él demanda la voluntad de hacer cualquier sacrificio que pida. La dura verdad acerca del cristianismo es que el costo es alto, pero las recompensas no tienen precio, vida abundante y eterna que viene únicamente de seguir fielmente a Cristo.

10. *¡Más vivo que nunca!* por John Piper (Editorial Portavoz, 2010).

Descripción: Cuando Jesús le dijo a Nicodemo: "Os es necesario nacer de nuevo", el devoto y culto líder religioso estaba inseguro de lo que Jesús quiso decir. Parecería que nada ha cambiado. Hoy las iglesias llenas de "cristianos nacidos de nuevo" son consideradas a lo sumo ineficaces, e incluso descritas por la generación "mosaico"[6] como "no cristianas". El término "nacido de nuevo" ha sido devaluado tanto en la sociedad como en la iglesia. Aquellos que afirman ser "nacidos de nuevo" lle-

6. N.d.T.-También llamados *millennials*, nacieron entre 1984 y 2002.

van vidas que son indistinguibles de las de aquellos que no lo son; pegan igual, abrazan la injusticia igual, codician lo mismo, hacen casi todo igual. Ser "nacido de nuevo" ahora se define por lo que la gente dice que cree. El Nuevo Testamento, no obstante, define a los cristianos de forma muy diferente.

11. *In it to win it: Pursuing victory in the one race that really counts*, por Steven J. Lawson (Harvest House Publishers, 1992).

    Descripción: ¿Qué creyente no quiere tener éxito en la vida cristiana? El deseo de Dios es que su pueblo experimente el éxito real, del tipo que dure por la eternidad y no el sustituto carnal del mundo. Con la ayuda de ilustraciones de atletismo tanto de las Escritura como de la vida real, usted aprenderá lo que se necesita para ser lo mejor que pueda al descubrir…

    - lo que realmente significa poner a Dios primero en todas las cosas.
    - cómo vivir la vida cristiana en el poder de Dios.
    - las bases para edificar una resistencia espiritual.
    - formas efectivas de evitar obstáculos y tentación.
    - la clave para hacer las mejores elecciones y al final ser fuerte.

    Ganar con Dios lo hace un ganador en cada aspecto de su vida. No importa su ocupación o trasfondo, los principios de este libro lo habilitarán para experimentar el éxito al estilo de Dios, un éxito que tendrá un impacto positivo en todo lo que haga.

12. *The Man Christ Jesus: Theological reflections on the humanity of Christ*, por Bruce Ware (Crossway, 2013).

    Descripción: ¿Qué significa que Jesús sea HUMANO? El teólogo Bruce Ware nos lleva de regreso al texto bíblico, en donde encontramos a un Jesús profundamente humano que encaró muchas de las mismas dificultades y limitaciones que nosotros experimentamos hoy. Ware explora la importancia de la humanidad de Cristo y nos ayuda a aprender, por el poder del Espíritu, a seguir los pasos de Jesús.

Por favor, tome un momento para dejarme saber lo que piensa de este libro, así como sus próximos pasos para que yo pueda orar fielmente por usted. El desafío es el mismo para cada uno de nosotros: que podamos ser hallados fieles para crecer "en la gracia y el conocimiento de nuestro Señor y Salvador Jesucristo. A él sea gloria ahora y hasta el día de la eternidad" (2 Pedro 3:18).